BEI GRIN MACHT SICH IHR
WISSEN BEZAHLT

- Wir veröffentlichen Ihre Hausarbeit,
  Bachelor- und Masterarbeit

- Ihr eigenes eBook und Buch -
  weltweit in allen wichtigen Shops

- Verdienen Sie an jedem Verkauf

Jetzt bei www.GRIN.com hochladen
und kostenlos publizieren

Bibliografische Information der Deutschen Nationalbibliothek:

Die Deutsche Bibliothek verzeichnet diese Publikation in der Deutschen National-bibliografie; detaillierte bibliografische Daten sind im Internet über http://dnb.d-nb.de/ abrufbar.

Impressum:

Copyright © 2016 GRIN Verlag, Open Publishing GmbH
Druck und Bindung: Books on Demand GmbH, Norderstedt Germany
ISBN: 9783668374812

Dieses Buch bei GRIN:

http://www.grin.com/de/e-book/351034/kindheitsheldin-zum-typus-des-starken-maedchens-in-kurt-helds-die-rote

Lisa Gutman

Kindheitsheldin. Zum Typus des "starken Mädchens" in Kurt Helds "Die rote Zora und ihre Bande"

GRIN Verlag

GRIN - Your knowledge has value

Der GRIN Verlag publiziert seit 1998 wissenschaftliche Arbeiten von Studenten, Hochschullehrern und anderen Akademikern als eBook und gedrucktes Buch. Die Verlagswebsite www.grin.com ist die ideale Plattform zur Veröffentlichung von Hausarbeiten, Abschlussarbeiten, wissenschaftlichen Aufsätzen, Dissertationen und Fachbüchern.

Arbeitskreis Neuere Deutsche Literatur
Institut für Deutsche Philologie
Ernst-Moritz-Arndt-Universität Greifswald

Bachelorarbeit

KindheitsheldIn.

Zum Typus des „starken Mädchens" in Kurt Helds *Die rote Zora und ihre Bande*

vorgelegt von: Lisa Gutman

Abgabetermin: 15. September 2015

Inhalt

1 Einleitung

Unangepasste, weibliche Figuren begegnen und begleiten uns von frühester Kindheit an, sei es nun durch die bekannte Trickfilmserie *Die Biene Maja*[1], in der die Titelfigur sich nicht dem arbeitsamen, geordneten Leben im Bienenstock unterordnen möchte, oder sei es das freche rothaarige Mädchen des allseits beliebten Klassikers *Pippi Lang-strumpf*[2] von Astrid Lindgren. Auch in der zeitgenössischen Kinder- und Jugendliteratur haben eigenwillige Mädchenfiguren Hochkonjunktur, wie nicht nur an der sehr erfolgreichen Buchreihe *Freche Mädchen – Freche Bücher* vom Thienemann-Esslinger Verlag ablesbar ist[3]. Die Jahresbestsellerliste 2014 von amazon Deutschland im Bereich Jugendromane[4] spiegelt diesen Trend wieder: auf den Plätzen eins bis zehn befinden sich fünf Werke, bei denen die Hauptfigur jugendlich, rebellisch und weiblich ist[5].

Die rege Rezeption und große Beliebtheit von Kurt Helds *Die rote Zora und ihre Bande* bilden also keine Ausnahme. Seine Romanfigur gilt heute noch als ein „literarische[s] Vorbild. Nicht nur für Mädchen!"[6].

Und dennoch war die Titelfigur *Zora* bei der Veröffentlichung des Romans im Jahr 1941 etwas ungewöhnliches, fast schon eine Kuriosität. Ein Mädchen, das eine Jungenbande anführt, sich Autoritätspersonen widersetzt und dafür nicht vom Leben bestraft wird, wich in hohem Maße von den gängigen weiblichen, jugendlichen Figuren in der damaligen Jugendliteratur ab. Genau dort setzt die vorliegende Arbeit ein: nach einer kurzen geschichtlichen Einordnung des Romans in die Kinder- und Jugendbuchlandschaft der ersten Hälfte des 20. Jahrhunderts widme ich mich der Figurenanalyse von *Zora*. Insbesondere die Frage, ob es einen konkreten Typus des ‚starken Mädchens' gibt und ob die hier untersuchte Titelheldin diesem entspricht, bilden einen Schwerpunkt.

In dieser Arbeit wird zunächst die Erzählung vorgestellt, einige notwendige Definitionen gegeben und das Werk geschichtlich eingeordnet, bevor dann im Hauptteil zur Werkanalyse übergegangen wird. Eine Analyse der Figur Zora und die Konstruktion von Geschlecht sind dabei zentrale Aspekte der Untersuchung. Um einen umfassenden Blick auf die Figuren zu erhalten, wird die vom Autor gewählte Beschreibungsmethoden der Figur untersucht. Die Relation zum Typus des „starken Mädchens" ist dabei kontinuier-

---

[1] Hier handelt es sich um eine in den 1970ern vom ZDF in Auftrag gegebene Adaption von: Bonsels, Waldemar (1912): *Die Biene Maja und ihre Abenteuer. Ein Roman für Kinder.* Berlin.
[2] Lindgren 2008.
[3] http://www.thienemann-esslinger.de/planet-girl/buecher/freche-maedchen-freche-buecher/ [19.07.2015, 16:37 Uhr].
[4] http://www.amazon.de/b/ref=amb_link_186387647_1?ie=UTF8&jubulinkjbs=&node=5250635031 [23.07.2015, 13:40 Uhr].
[5] Mit folgenden Platzierungen: (2) Green 2014; (4) Henn 2014; (5) Gier 2014; (7) Roth 2013; (9) Roth 2014.
[6] http://www.zeit.de/online/2008/37/bg-weibliche-rolemodels [20.07.2015, 12:01 Uhr].

lich aufgezeigt. Aus dem letzten Teil geht hervor, welche Eigenschaften und Verhaltensweisen ein „starkes Mädchen" charakterisieren und ob Zora als Vorläuferin oder als Vertreterin gelten kann.

Ich nutze hier die neueste Ausgabe von Helds *Die rote Zora und ihre Bande*, da es weder eine historisch-kritische, noch eine Studienausgabe gibt und die Erstauflage zu klein war, als dass man davon ein Exemplar zum Arbeiten finden würde. Die vorliegende Ausgabe erschien beim FISCHER-Verlag als „spannender Abenteuerklassiker für Mädchen und Jungen ab 10 Jahren"[7] im Juli 2015.

Zum Titel der vorliegenden Arbeit ist anzumerken, dass hier die Schreibweise der KindheitsheldIn bewusst mit „Binnen-I" gewählt wurde, da es das Augenmerk auf die Geschlechtszuordnung und die damit verbundenen Schwierigkeit lenkt. Im weiteren Verlauf der Arbeit verzichte ich aufgrund der besseren Lesbarkeit beispielsweise bei „Leser" auf eine solche Markierung. Selbstverständlich sind mit der maskulinen Form hier auch Leser weiblichen Geschlechts gemeint.

---

[7] http://www.fischerverlage.de/buch/die_rote_zora_und_ihre_bande/9783733500917 [23.07.2015, 15:03 Uhr].

2 Die rote Zora und ihre Bande

Während einer Reise in den 1930er Jahren durch das heutige Kroatien lernten Kurt Held und seine Frau den Jungen Branko Babitsch und die Bande um Zora La Rouquine kennen[8]. Diese Begegnung – und insbesondere die Erzählungen der Kinder – inspirierten den Autor zu dem fiktionalen Roman *Die rote Zora und ihre Bande*.

2.1 Autor

Der deutsche Autor Kurt Held, mit bürgerlichem Namen Kurt Kläber, war zum Zeitpunkt der Entstehung von *Die rote Zora und ihre Bande* politischer Emigrant in der Schweiz, da er verdächtigt wurde an der Vorbereitungen für den Reichstagsbrand 1933 beteiligt gewesen zu sein. Viele seiner Werke wurden Opfer der Bücherverbrennung der Nationalsozialisten am 10. Mai 1933. Aufgrund des ihm auferlegten Veröffentlichungsverbotes in der Schweiz bis 1940 assistierte er seiner Frau, der bekannten Kinderbuchautorin Lisa Tetzner[9], wobei sein Interesse an der Kinder- und Jugendliteratur geweckt wurde. Er bezeichnete sich selbst als „Berufsrevolutionär für die Gerechtigkeit"[10].

2.2 Rezeptionsgeschichte

„Ich sage offen, dass das Buch als es erschien, sehr bekämpft wurde." schrieb Kurt Kläber an Dr. Robert Polt, Programmleiter der Buchgemeinschaft Donauland. „In der ‚Roten Zora' sollte sichtbar werden, dass fast immer nur der Arme für den Armen eintritt"[11].

Kurt Helds bekanntestes Werk wurde 1941 beim Schweizer Verlag Sauerländer in Aarau unter dem Titel „Die rote Zora und ihre Bande. Eine Erzählung aus Dalmatien für die Jugend" veröffentlicht. Die Erstausgabe erhielt vorwiegend negative Kritiken, die sich vor allem auf stilistische Mängel bezog. Dadurch lässt sich auch der eher schleppende Verkaufsstart erklären: von der nur 4.000 Stück starken ersten Auflage waren im Januar 1946 noch 1.400 Exemplare unverkauft[12]. Eine Überarbeitung durch Kurt Held und die erneute Herausgabe 1950 bei Desch München führte zu einer rasanten Steigerung in der Auflagenstärke. So wurden schon für die fünfte Ausgabe im Jahre 1960 beim Sauerländer Verlag 300.000 Exemplare gedruckt[13]. Die Erfolgsgeschichte hatte begonnen: über eine Million Exemplare verkauften sich im deutschsprachigen Raum.

---

[8] Kümmerling-Meibauer 1999, 436.
[9] Der Roman *Die schwarzen Brüder* (1940) wurde zunächst nur unter Tetzners Namen veröffentlicht. Erst die Ausgaben des Sauerländer Verlags ab 2010 führen Kläber als maßgeblichen Mitautor.
[10] Kümmerling-Meibauer 1999, 436
[11] Dieser Auszug wurde von Kurt Kläber unter dem Titel „Von mir und über mich" in der Jugendschriftenwarte (5/10, 1953) veröffentlicht.
[12] http://www.sauerlaender200.ch/#childbook_2; [Stand 23.07.2015, 16:12 Uhr]. Siehe Anhang Abb. 12.
[13] http://www.sauerlaender200.ch/#childbook_2; [Stand 23.07.2015, 16:12 Uhr]. Siehe Anhang Abb. 8.

Der Roman wurde in mehr als 15 Sprachen übersetzt und gilt als das berühmteste Schweizer Jugendbuch der Nachkriegszeit[14].

Für den Anklang, den *Die rote Zora und ihre Bande* weiterhin findet, sprechen nicht nur die vielen Neuauflagen[15], die der Roman über die Jahre erfahren hat, sondern auch die Adaption des Stoffes für andere Medien. So entstanden unter dem gleichen Titel beispielsweise 1979 eine 13-teilige Fernsehserie und eine dreiteilige Hörspielfassung in einer deutsch-schweizerisch-jugoslawischen Koproduktion. Der deutsch-schwedische Kinderfilm *Die rote Zora*, der 2008 deutschlandweit in die Kinos kam, war kommerziell erfolgreich und erhielt zudem von der Filmbewertungsstelle in Wiesbaden das Prädikat „besonders wertvoll"[16]. Im selben Jahr wurde der Stoff am Luzerner Theater als Familienoper uraufgeführt.

Die von Seibert ausgearbeiteten Kriterien für einen Klassiker der Kinder- und Jugendliteratur treffen auf das Werk Helds zu. Insbesondere hebt er die Elternferne der Protagonisten als wichtiges Kennzeichen der Kinder- und Jugendliteraturklassiker hervor[17], wobei dieses Kriterium „eine deutliche Affinität zum Motiv des ‚Fremden Kindes'"[18] aufweist. Die folgende Tabelle zeigt die Klassikerkriterien auf den verschiedenen Ebenen:

Metaebene		Zeitlosigkeit
Autorebene		Intentionalität, Singularität
Werkebene	Form	Aventuire, Irrationalität, Reiseliteratur
	Inhalt	Elternferne, Fremdes Kind, Inselmotiv, Lebensbedrohung, Rebellenmotiv
Rezeptionsebene		Internationalität, Programmatik der Titelfigur

Abb. 1: Systematik der Klassikerkriterien[19]

Singularität meint hier, dass ein Autor meist nur ein Erfolgswerk schrieb, höchstens noch Fortsetzungen davon. Dies bezieht sich vor allem auf die Klassiker im 19. Jahrhundert. Intentionalität bezeichnet die Absicht des Autors explizit für ein Kinderpublikum zu schreiben.

2.3 Inhalt

Die Erzählung spielt in der kleinen kroatischen Küstenstadt Senj in den frühen 1930er Jahren. Sie folgt dem zwölfjährigen Branko, der aufgrund des Todes seiner Mutter obdachlos wird und für einen vermeintlichen Diebstahl verhaftet wird. Die ebenfalls ver-

---

[14] Kümmerling-Meibauer 1999, 438.
[15] Im Jahr 2007 erschien bei Sauerländer/Patmos die 36. Auflage.
[16] http://www.fbw-filme.de/pdw/Erscheinungsjahr%202008/rote_Zora/rote_zora.htm [23.08.2015, 08:33 Uhr]
[17] Seibert 2009, 18.
[18] Seibert 2008, 11.
[19] Seibert 2009, 18.

waiste Zora, die wegen ihrer roten Haare als „die rote Zora" bekannt ist, befreit ihn und nimmt ihn in ihrer Bande von Straßenkindern auf. Mitglieder der Bande sind neben Zora der flinke Nicola, der starke Pavle und der gerissene Duro. Die Gruppe leidet Hunger und haust in einer Burgruine. Hilfe von der Stadtbevölkerung erhalten die Kinder, wenn überhaupt, nur von den armen und einfachen Leuten, während ihnen die „bessere" Gesellschaft und die Stadtobrigkeit feindlich gegenüberstehen. Mundraub, gelegentlicher Diebstahl und Streiche gegen die, die sie wie Kriminelle verfolgen, sind für die Bande an der Tagesordnung. Als moralisches Vorbild dienen ihnen die Uskoken, die „die berühmtesten Ritter, Kapitäne und Seefahrer an der ganzen Adria" waren und als „die größten Helden von Kroatien"[20] gelten.

Im Laufe der Geschichte freundet sich die Bande mit dem alten Fischer Gorian an, der sich standhaft gegen die große Fischfanggesellschaft zur Wehr setzt und den Kindern zeitweise ein Zuhause bietet. Bei ihm arbeiten sie fleißig mit, als ein Thunfischschwarm in die Bucht einkehrt und werden dafür zum ersten Mal in ihrem Leben monetär und mit Respekt be- und entlohnt.

Der Unmut der Bevölkerung gegen die rote Zora und ihre Bande wächst, als sie den Bürgermeister bei einer Veranstaltung mit einem Streich der Lächerlichkeit preisgeben. Als der Stadtrat schließlich fordert die ganze Bande zu verhaften, ist es an der Zeit die „Uskoken"[21], wie sie sich selbst nennen, hinter sich zu lassen und sich in die Gesellschaft einzugliedern. Hierbei helfen der alte Gorian, sowie einige andere Freunde der Kinder.

Armut, der Wunsch nach Sicherheit und soziale Ungerechtigkeit bilden zentrale Themen des Romans. Die Freundschaften der Kinder untereinander, ihre Feindschaften und erste Verliebtheit, wie etwa zwischen Branko und der Bürgertochter Zlata, werden ebenso thematisiert wie das Streben nach Tapferkeit und Solidarität als oberste Maxime.

---

[20] Held 2015, 85.
[21] Held 2015, 85.

3 Definitionen

Um eine Untersuchung zum Typus des ‚starken Mädchens' durchführen zu können, ist es notwendig zunächst einige Begriffe voneinander abzugrenzen, bzw. diese Abgrenzungen aufzuzeigen.

3.1 Kinder- und Jugendliteratur

Kinder- und Jugendliteratur wird hier als Textkorpus mit der Zielgruppe Kinder bzw. Jugendlicher verstanden. Kinderbücher richten sich dabei in der Regel an ein Publikum in der Altersgruppe zwischen 6 und 10 Jahren. Jugendbücher, je nach Verlag und Thematik, an die Leser ab 10, 12 oder 16 Jahren. Als gemeinsames Element, beziehungsweise „grundlegende Kinder- und Jugendliteraturnorm"[22], wird die Vermittlung von Kenntnissen und Werten an den jugendlichen Leser benannt. Insbesondere soll sie der intellektuellen Bildung, dem Wissenserwerb und der moralischen Erziehung dienen[23]. Eine weitere normative Anforderung stellt die Angemessenheit dar, die „das jeweilige sprachliche Vermögen, den aktuellen Sprachentwicklungsstand der präsumtiven Empfänger, deren Fassungskraft, das intellektuelle Vermögen, deren aktuelle kognitive Kompetenz, [...] schließlich auch deren aktuelle Bedürfnisse und Interessen"[24] berücksichtigen muss. Ewers vertritt dabei die Auffassung, dass die Norm ‚Kinder- und Jugendliteratur als vollwertige Ausprägung von Literatur' als „Oberbegriff für alle Ansätze"[25] anzusehen ist.

Da sich *Die rote Zora und ihre Bande* explizit an Leser ab 10 Jahren richtet, handelt es sich hier um Jugend- und keinesfalls um Kinderliteratur[26]. Dafür sprechen die auch recht abstrakten und schweren Themen des Buches.

3.2 Held

Bei einem Helden handelt es sich im literaturwissenschaftlichen Sinne um die Zentralgestalt einer Handlung, die im Mittelpunkt des Leserinteresses steht. Diese neutrale Auffassung des Heldenbegriffes steht im Gegensatz zur umgangssprachlichen Verwendung des Begriffes ‚Held', als „jemand, der sich mit Unerschrockenheit und Mut einer schweren Aufgabe stellt, eine ungewöhnliche Tat vollbringt, die ihm Bewunderung einträgt" oder als „jemand, der sich durch außergewöhnliche Tapferkeit im Krieg auszeichnet und durch sein Verhalten zum Vorbild (gemacht) wird"[27].

Fricke zweifelt die Wertneutralität des literaturwissenschaftlichen Heldenbegriffes an:

---

[22] Ewers 2000, 176.
[23] Ewers 2000, 178f.
[24] Ewers 2000, 181.
[25] Ewers 2000, 184.
[26] http://www.fischerverlage.de/buch/die_rote_zora_und_ihre_bande/9783733500917 [23.07.2015, 12:53 Uhr].
[27] http://www.duden.de/rechtschreibung/Held [12.08.2015, 14:12 Uhr].

„Obwohl die ‚heroische' Konnotationen [...] weitgehend ausgehöhlt worden sind, lenkt in der Regel der fiktive Held weiterhin durch positive Merkmalssätze die Sympathien auf sich; es handelt sich also nach wie vor nicht um eine vollkommen wertneutrale Kategorie. In noch deutlicherem Maße als für die maskuline Wortform gilt das für die HELDIN"[28].

Insbesondere in der für Kinder und Jugendliche konzipierten Literatur schließe ich mich unbedingt dieser Auffassung an. Negativ besetzte Heldenfiguren, wie sie in der Erwachsenenliteratur nicht unüblich sind, gibt es hier praktisch nicht. Dies liegt in erster Linie daran, dass kindliche und jugendliche Leser sich besser mit ‚guten' Figuren identifizieren können. „Eng verbunden mit der jeweiligen Lebensphase werden Vorbilder gesucht, die die eigenen Ideale verkörpern und als Identifikationsfigur dienen"[29].

3.3 Protagonist

Der Begriff des ‚Protagonisten' steht in engem Zusammenhang mit dem zuvor beschriebenen literaturwissenschaftlichen ‚Helden'. Beim Protagonisten handelt es sich jedoch um eine Hauptfigur ohne wertende Zuschreibung, das heißt auch ohne repräsentative Aufgaben. Der Begriff ist wertneutral.

3.4 Starke Mädchen

Um ein ‚starken Mädchen' definieren zu können, muss zunächst der Begriff ‚Mädchen' festgeschrieben werden. Dass es sich um ein weibliches, menschliches Wesen handelt, steht dabei wohl außer Frage. Interessanter ist die Abgrenzung zwischen Kind, Mädchen, junger Frau und – vor allem in älteren Werken – Fräulein. Die Übergänge sind hier fließend, wobei ‚Kind' nur Figuren eindeutig vor Beginn der Pubertät bezeichnet. ‚Mädchen' kann synonym zu ‚weiblichem Kind', als auch zu ‚weiblichem Jugendlichen' gebraucht werden, wodurch eine eindeutige Alterszuordnung erschwert wird. ‚Junge Frau' und – veraltet – ‚Fräulein' bezieht sich meist auf Figuren, die sich in der Endphase der Pubertät befinden, also fast schon Erwachsene sind.

‚Starke Mädchen' sind in der Regel im Alter zwischen 10 und 14 Jahren. Sie stehen also kurz vor dem Eintritt in die Pubertät oder befinden sich in der Anfangsphase dieser. Vorpubertäre Figuren zeigen logischerweise ein kindlicheres Verhalten als die älteren Vertreterinnen, die sich eindeutiger einem Geschlecht (*gender*) zuordnen und deswegen auch vor anderen sozialen Anforderungen stehen.

Starke weibliche Figuren zeichnen sich durch aufmüpfiges Verhalten, insbesondere gegen Autoritätspersonen, aber auch gegen Gleichaltrige, aus, treten aber gleichzeitig auch für Schwächere ein[30]. Dieses Verhalten wird auch als ‚frech', ‚böse', ‚rebellisch'

---

[28] Fricke 1997, 591.
[29] Zach 2012, 24.
[30] Kümmerling-Meibauer 2012, 45-66.

oder ähnlich bezeichnet. Die Verwendung des jeweiligen Adjektivs spiegelt hier eine Wertung wider, wobei die negative Konnotation der meisten zu beachten ist.

Insbesondere Bettina Kümmerling-Meibauer hat eingehend zu Darstellungen von weiblichen, „bösen" Figuren geforscht und den Ursprung ihres Verhaltens heraus-gearbeitet: „Wenn weibliche Hauptfiguren in der Kinderliteratur als frech oder böse cha-rakterisiert werden, dann wird ihr Verhalten in der Regel durch äußere Umstände moti-viert"[31]. Sie bezeichnet solche literarischen Mädchen als „böse", die unangepasst sind und/oder nicht den Vorstellungen der Gesellschaft eines „guten" Mädchens entspre-chen. Diese binäre Einteilung betrachtet Zora – das nicht-bürgerliche, unfügsame, wil-de Mädchen – als Vertreterin der bösen Mädchen, oder „bad girls", wie sie von Küm-merling-Meibauer auch bezeichnet werden. Der Zusammenhang ‚frech' – ‚böse' – ‚stark' wird gerade für literarische Mädchenfiguren häufig aufgegriffen, wobei ‚böse' wirklich als ‚unartig' und nicht als ‚bösartig' verstanden werden muss.

3.5 Typus

Unter einem Typus versteht man die Gruppenbildung bei literarischen Figuren, bezie-hungsweise die Zuordnung von Figuren zu Typen. Dabei werden entweder Bündel von Persönlichkeitsmerkmalen zur Charakterisierung herangezogen oder aber der Typus wird unter dem Aspekt der Handlungsfunktion begründet. So definiert Fricke einen Ty-pus als „Figur, die als Verkörperung einer Haupteigenschaft bzw. eines standardisier-ten Bündels einiger weniger um sie gruppierter Merkmale angelegt ist, und zwar als moralischer Typus (Geiziger, Schmeichler, Hypochonder usw.) oder auch als sozialer Typus (Advokat, Bauer, Höfling usw.)"[32].

Insbesondere das Vorkommen von Typen in der Kinder- und Jugendliteratur ist für die-se Arbeit von Interesse, womit sich unter anderem Seibert beschäftigt hat[33]. Er ver-wendet dabei den Begriff Kind(heits)figur synonym zu Frickes Typus. „Kindheitsfiguren, wenn sie Repräsentanten eines literarischen Stoffes werden, sind immer Gegenbilder gegen ein vorherrschendes Kindheitsbild"[34]. Womit gemeint ist, dass Kindheitsbilder diachron zu betrachten sind, also die temporäre Sicht auf Kinder meint, während Kin-derfiguren – im Sinne eines Typus' – synchron immer wieder auftauchen. Seibert defi-niert Kinderfiguren als „literarische Form von Kindheit"[35] und nennt unter anderem den Schelm und das fremde Kind als Vertreter[36]. Auf „das fremde Kind" und warum es für diese Arbeit relevant ist, wird in Kapitel 6.3 Konstruktion von Geschlecht eingegangen.

---

[31]Kümmerling-Meibauer 2012, 47.
[32] Fricke 1997, 297.
[33] Seibert 2008.
[34]Seibert 2008, 73.
[35] Seibert 2008, 73.
[36] Seibert 2008, 73f.

4 Geschichtliche Einordnung

Um *Die rote Zora und ihre Bande* sinnvoll untersuchen zu können, muss der Roman zunächst in den Kontext seiner Zeit und damit vor allem in die damalige Kinder- und Jugendliteraturlandschaft eingeordnet werden. Dies wird im Folgenden knapp und chronologisch unternommen, wobei auf einzelne Werke von besonderer Bedeutung eingegangen wird.

Begonnen wird mit der sogenannten Mädchenliteratur, da traditionell das Geschlecht (*sex*) des Protagonisten mit dem der intendierten Leserschaft übereinstimmt. Vor diesem Hintergrund wird auch die Backfischliteratur miteinbezogen.

4.1 Die Anfänge der Mädchenliteratur

Mädchenliteratur beinhaltete im 18. und zu Beginn des 19. Jahrhunderts zunächst vorwiegend Ratgeberliteratur, sowie moralisch und religiös erzieherisch wirkende Schriften. Ein Charakteristikum von Mädchenbüchern ist die Geschlechtszuordnung im Paratext, wobei sowohl weibliche Vornamen im Titel, als auch die Abbildung der Protagonistin auf dem Cover gemeint sind[37]. Obwohl auf paratextlicher Ebene Parallelen zwischen *Die rote Zora und ihr Bande* und klassischer Mädchenliteratur zu erkennen sind[38], wird auf eine detaillierte Untersuchung der sogenannten Mädchenliteratur im Rahmen dieser Arbeit verzichtet. Da Mädchenliteratur üblicherweise „die an Mädchen gerichtete erzählende Literatur" meint, bei der sich die zentralen Themen „aus den konkreten Lebensumständen der intendierten Leserinnen"[39] ergeben, wird im Rahmen dieser Arbeit nicht explizit darauf eingegangen. Beide genannten Aspekte – Mädchen als Hauptzielgruppe und die Ähnlichkeit der Lebensumstände zu den intendierten Lesern – treffen auf Kurt Helds *Die rote Zora und ihre Bande* nicht zu.

Die kurze Einführung an dieser Stelle dient zur geschichtlichen Orientierung und um zu verdeutlichen, dass es eine lange Tradition an geschlechtsspezifischer Jugendliteratur gibt. Eine Entwicklung hin zur geschlechtsneutral intendierten Jugendliteratur lässt sich zunehmend beobachten, obwohl sich neueren Forschungen zufolge trotzdem junge männliche Leser Bücher mit einer weiblichen Titelfigur eher ablehnen als die andersherum der Fall ist[40].

Die Zusammenführung von Jungen- und Mädchenbüchern ermöglichte das Entstehen einer neuen Folgegattung, die für das jugendliche weibliche und männliche Publikum bestimmt ist und als Adoleszenzliteratur geführt wird.

---

[37] Mikota 2008, 2.
[38] Siehe dazu die Cover der verschiedenen *Die rote Zora und ihre Bande*-Ausgaben im Anhang. Abb. 8-10.
[39] Wulf 1996, 1.
[40] http://www.deutschlandradiokultur.de/jungen-lesen-keine-maedchenbuecher.954.de.html?dram:article_id=146685 [07.09.2015, 16:42 Uhr].

Folgende Darstellung bietet einen Überblick über die Ursprungsgattungen und deren formale Erweiterungen:

Herkunft (Ursprungsgattung)	formale Erweiterung (Folgegattung)	tertium comparationis
Abenteuerroman	Dritte-Welt-Literatur	soziales Engagement
Fabel	Tierbuch	Allegorieverständnis
Familiengeschichte	Initiationsliteratur	Sozialisation
Mädchenbuch, Jungenbuch	Jeansliteratur, Adoleszenzroman	Jugendlichkeit
Märchen	phantastische Erzählung	Magie
Robinsonade	Umweltbuch	kindliche Realität
Sage, Heldenlied	Fantasy	Heldentum
Tierbuch	ökologische Themen	Naturbewusstsein
Umweltbuch	„realistische Erzählung"	jugendliche Realität
Völkerkunde	Ausländerfrage, Multikulturalität	Fremdheit
Vorbildliteratur, Ratgeber	antiautoritäre Literatur	Respekt

Abb. 2: Diachrone Gattungskorrespondenzen.[41]

An dieser Stelle muss auch auf die Ursprungsgattung ‚Umweltbuch' hingewiesen werden, die sich über die Folgegattung ‚realistische Erzählung' mit ‚jugendlicher Realität' befasst. Der hier vorliegende Roman steht also nicht nur in der Tradition des Mädchenbuches, sondern hat auch Wurzeln im Umweltbuch. Eine konkrete Definition für diese Ursprungsgattung bietet Seibert leider nicht. Ich verstehe es als eine thematische Einteilung, wobei die Umwelt des Protagonisten – in sozialer oder ökologischer Hinsicht – im Fokus steht.

4.2 Das Ende der Kaiserzeit und die Weimarer Republik

Gegen Ende des 19. Jahrhunderts beginnt sich die fiktionale Literatur für junge weibliche Leserinnen gegen die eher pragmatisch orientierten Textsorten durchzusetzen[42].

Diese sogenannte Backfischliteratur[43] ist als „eine an Mädchen adressierte, romanhafte Literatur"[44] zu verstehen und noch bis weit in das 20. Jahrhundert erfolgreich, obgleich sie nicht immer den besten Ruf – gerade unter Literaturkritikern und – wissenschaftlern – genoss[45].

In der Jugendliteratur und insbesondere in der Mädchenliteratur des 19. Jahrhunderts finden sich weibliche Figuren, die durch ihr unkonventionelles Auftreten auffallen. Diese Wildheit wird ihnen als Makel angekreidet und aberzogen, damit die Sozialisation zur Rolle der Hausfrau, Ehefrau und Mutter erfolgen kann. Angepasstheit und muster-

---

[41] Seibert 2009, 15.
[42] Häusler 1996, 215.
[43] Ich folge hier Regine Häusler hinsichtlich des wertneutralen Gebrauchs des Terminus „Backfischliteratur", da er sich seit den 1970er Jahren in der Forschung etabliert hat. Vgl. Häusler 1996, 216.
[44] Wilkending 1997b, 173.
[45] Wilkending 1997 b, 173.

gültiges Verhalten gelten als Zugangsvoraussetzungen zur Gesellschaft, Abweichung davon bedeutet Ausschluss[46]. Andererseits haben „Mädchenromane oft Heldinnen, die einen gewissen Grad von Selbstständigkeit, ‚männlicher Aktivität', und, was sehr typisch ist, Eigensinn und Eigenwillen besitzen"[47].

Im Folgenden wird exemplarisch auf Emmy von Rhodens Roman *Der Trotzkopf*[48] eingegangen, da dieser sich bis heute einer regen Rezeption erfreut und als einer der bekanntesten Backfischromane gilt.

Emmy von Rhodens Erzählung folgt der trotzigen, freiheitsstrebenden Hauptfigur Ilse, die ob ihrer „jungenhafte[n] Züge"[49] getadelt und von der die „Verdrängung ‚ihrer infantilen Männlichkeit'"[50] gefordert wird. Die Wandlung zur jungen Dame geschieht hier, ohne dass die Anerkennung durch die Gesellschaft aufgrund von den geforderten „weiblichen" Tugenden erfolgt. Zwar wird sie soweit gezähmt, dass sie den bürgerlichen Pflichten als Hausfrau, Gattin und Mutter nachkommen kann, wofür sie mit einer Liebesheirat, dem „Happy End schlechthin"[51] belohnt wird, gleichzeitig darf sie aber auch „einige ihrer kindlichen Eigenschaften behalten: Ihre Fröhlichkeit, Naivität und Offenheit"[52]. Damit entfernt sich von Rhoden von der Tradition des Backfischromans und schafft ein neues, sogenanntes „Trotzkopfmodell", bei dem „die Entwicklung des kleinen weiblichen Wildfangs oder trotzigen Mädchens zur jungen Dame, deren rebellische Züge jedoch nicht ganz abgeschliffen werden"[53] aufgezeigt wird. Dieses „Trotzkopfmodell" besteht auch heute noch als langlebiges literarisches Muster, nicht nur in Adoleszenzromanen[54].

Eine Tendenz, die deutlich zu Beginn des 20. Jahrhundert auszumachen ist, ist die zunehmende Fokussierung der Mädchenbücher auf Themen wie Ausbildung und Beruf, wodurch sich die weiblichen Figuren aus der Bevormundung durch die Familie lösen.

4.3 Die 1930er Jahre und die Nationalsozialisten

Eine Verschiebung hin zum zupackenden Frauentypus ist unter dem Regime der Nationalsozialisten sowohl in der Gesellschaft, als auch in der Kinder- und Jugendliteratur zu beobachten. Stärke gilt nun als Tugend, nach der auch Mädchen streben, wohingegen wehleidige Figuren die Antagonisten bilden. Diese Veränderung ist nicht nur in genuin nationalsozialistischen Werken zu beobachten, sondern als Grundströmung der

---

[46] Kümmerling-Meibauer 2012.
[47] Nun 2001, 15.
[48] von Rhoden 1885.
[49] Kümmerling-Meibauer 2012, 51.
[50] Frau Wilkending bezieht sich hier auf Sigmund Freud. Wilkending 1997a, 123.
[51] Wild 2012, 23.
[52] Nun 2001, 16.
[53] Wild, 2012, 23.
[54] Wild 2012, 23.

Zeit zu verstehen[55]. Körperliche Leistungsfähigkeit und sportliche Betätigung gelten als neue Ideale, nach denen gestrebt werden soll[56]. Diese Entwicklung ist gegen Ende der 1930er so weit fortgeschritten, dass man „zahlreiche Mädchenbücher, die viele sportliche Aktivitäten nur beiläufig erwähnen, da sie schon selbstverständlich geworden sind"[57], findet.

Eine Fokussierung auf die Autonomie der Heldinnen und die damit einhergehende untergeordnete Stellung von sowohl Ursprungs- als auch selbstgegründeter Familie ermöglichen eine neuen Art von Ausgang: das Happy End inklusive Heirat ist jetzt nicht mehr unumgänglich, ein offener Schluss wird vielfach vorgezogen[58].

Dennoch ist Kurt Held Roman keineswegs kommentarlos in diese Reihe der Erzählungen einzuordnen. Ein weiblicher Protagonist als Anführer einer Gruppe von männlichen Figuren widerspricht dem „von den Nationalsozialisten propagierten männlichen Führungsanspruch"[59]. Der Zeitgeist sieht „die Frau [...] noch nicht [als] Führerin von größeren Gruppen"[60], was Zora jedoch zweifelsfrei ist. Helds Wahl der Protagonistin wird dementsprechend heute in einschlägiger Fachliteratur als „origineller Aspekt"[61] bezeichnet, was die Sonderstellung des Werkes verdeutlicht.

4.4 Pippi Langstrumpf

Natürlich darf in einer Arbeit, die sich mit starken Mädchenfiguren in der Kinder- und Jugendliteratur beschäftigt, Astrid Lindgrens wohl bekannteste Figur aus dem gleichnamigen phantastischen Erzählzyklus nicht fehlen. Gemeint ist selbstverständlich die rotzöpfige – und trotzköpfige – Titelrebellin *Pippi Langstrumpf*. Das zuerst 1945 in Schweden erschienene und 1949 ins Deutsche übersetzte Kinderbuch zeigt die Protagonistin, ein neunjähriges Mädchen, als autonom, körperlich übermenschlich stark, frech und ohne Interesse daran, Autorität in irgendeiner Form anzuerkennen.

Die Veröffentlichung des Werkes lief in Deutschland nicht ohne Kritik ab. Es wurde in dem frechen, autoritätsscheuen Mädchen ein schlechtes Vorbild für Kinder vermutet. Lisa Tetzner versuchte, Lindgren – die Schwierigkeiten hatte, einen deutschsprachigen Verlag zu finden – an den Sauerländer Verlag zu vermitteln. Dieser zeigte sich aber nicht interessiert[62].

Lindgrens Kinderbuchreihe, beziehungsweise ihrer Protagonistin, wird unter anderem zugeschrieben, sie hätte „den nachfolgenden Mädchengenerationen endgültig Luft zum

---

[55] Wulf 1996, 303.
[56] Wulf 1996, 304.
[57] Wulf 1996, 317.
[58] Wulf 1996, 72ff.
[59] Kümmerling-Meibauer 1999, 437.
[60] Wulf 1996, 317.
[61] Kümmerling-Meibauer 1999, 437.
[62] http://www.sauerlaender200.ch/#childbook 5 [Stand 20.07.2015, 20:21 Uhr].

Atmen, zum Toben und zur lustvollen Rebellion und Gegenwehr verschafft"[63]. Pippi Langstrumpf gilt als Wegbereiterin und –begleiterin der Emanzipation, Urtypus des ‚starken Mädchens' und wird als Gegenmodell zum Typus des ‚angepassten Mädchens' in der Backfischliteratur gesehen[64]. Sie gilt bis heute als literarisches Vorbild für die feministische Bewegung, da sie tradierte Rollenbilder bricht. Andererseits wird kritisiert, dass sie durch die „Jungenhaftigkeit" ihres Verhaltens eine „Vorstellung von Autonomie, einer vollständigen Unabhängigkeit ganz in männlicher Tradition" erreicht, was „subtil die Abwertung des Weiblichen fortführt"[65]. Gerade durch diese Ambivalenz bietet sie „ein identifikatorisches Angebot für beide Geschlechter"[66]. Eben dieses beidgeschlechtliche – oder geschlechtsneutrale – Identifikationsangebot rückt *Pippi Langstrumpf* und *Die rote Zora und ihre Bande* in einen gemeinsamen Raum in der Kinder- und Jugendbuchlandschaft der 1940er Jahre.

Die eben erwähnte Verwandtschaft kann auch nicht dadurch wiederrufen werde, dass es sich bei Astrid Lindgrens Werk um ein phantastisches handelt. Im engeren Sinne wird es zwar der phantastische Kinderliteratur zugerechnet, allerdings zeigt Inge Wild überzeugend, dass Pippi „in ihrem Ursprung keine fantastische Figur"[67] ist, sondern vielmehr eine „skurrile Figur in einer realen Welt" und „ein ‚säkularisiertes' fremdes Kind ohne Kontakt zu Nomiosen"[68].

4.5 Zoras Enkelinnen – ein Ausblick

Nach dieser diachronen Betrachtung von Mädchenliteratur gibt es noch einen kurzen Überblick über Zoras literarische Nachfahren – natürlich über die weiblichen. Meiner Meinung nach sind in der heutigen Jugendliteratur starke weibliche Figuren so selbstverständlich, dass man aus dem Blick verliert, dass das nicht immer so war. Diese Arbeit soll dabei helfen die enorme Entwicklung der literarischen Mädchenfiguren zu würdigen.

Die emanzipatorische Mädchenliteratur, die in den 1960er Jahren vorbereitet wurde und ihren Durchbruch in den 1970ern erlebte, brachte ein ganze Flut an starken weiblichen Figuren mit sich[69]. Im Zuge der feministischen Literaturwissenschaft wird dabei immer wieder auf die frühen Vertreterinnen Bezug genommen, wobei neben Pippi Langstrumpf auch auf die rote Zora verwiesen wird: „Als weibliche Vorläuferin stellt [die rote Zora] eine frühe Leitfigur in der feministischen Diskussion dar und bietet

---

[63] Kehlenbeck 1993, 11.
[64] Wild 2012, 23f.
[65] Kehlenbeck 1993, 12.
[66] Wild 2012, 30f.
[67] Wild 2012, 25.
[68] Der Begriff *Nomiosen* wird von der Autorin leider nicht weiter erläutert. Meiner Recherche nach sind damit Elternfiguren oder sonstige erwachsene Leitfiguren gemeint, von *Nomios (Νόμιος „Hirte")*. Wild 2008, 36.
[69] Wulf 1996, 1.

somit einen guten Bezugspunkt für die Analyse weiblicher Anführerfiguren zwischen 1968 und der Gegenwart"[70].

In den 1970er und frühen 80er Jahren machte es sich die emanzipatorische Mädchenliteratur zur Aufgabe „die traditionellen Geschlechterzuschreibungen gezielt in Frage zu stellen, wobei die Forderung nach einer Gleichberechtigung mit dem Mann in Ausbildung und Beruf im Vordergrund stand"[71]. Erst im Anschluss daran, etwa ab Mitte der 1980er Jahre, lässt sich eine Fokussierung auf die weibliche Identitätsfindung erkennen[72].

Diese Entwicklung dauert bis heute an, wobei in den letzten Jahren eine deutliche Loslösung vom häuslich-alltäglichen Schauplatz hin zu phantastischen Welten und/oder kriegsähnlichen Dystopien auszumachen ist. In diesen feindlichen Welten muss sich die weibliche Hauptfigur aufgrund ihrer Stärke, Intelligenz und ihres Überlebenswillens beweisen, wobei sie den Lesern trotzdem eine Identifikationsmöglichkeit bieten muss, indem sie auch Schwächen und Selbstzweifel zeigt[73]. Die eingangs erwähnte große Beliebtheit von jugendlichen, rebellischen Heldinnen in der aktuellsten Kinder- und Jugendliteratur spricht für sich[74].

---

[70] Zach 2012, 11.
[71] Grenz 1997, 297.
[72] Schramm 2000, 6.
[73] Hier ist insbesondere Veronica Roths *Hunger Games*-Trilogie und Kerstin Giers *Silber*-Serie gemeint.
[74] Vgl. dazu die amazon.de-Jugendbestsellerliste 2014 im Anhang, Abb. 13.

5 Analyse der Figuren

Um etwas über Zora als Typus aussagen zu können, muss zunächst ihre Figur untersucht werden. Dazu gibt es verschiedene Ansätze, die ich erst kurz vorstelle und sie dann anwende. Die Analyse von Figuren kann auf verschiedenen Wegen erfolgen, wodurch jeweils eigene Blickwinkel auf die untersuchten Figuren entstehen. Um ein möglichst komplexes Gesamtbild zu erhalten, wähle ich zwei grundlegend verschiedene Ansätze: das mimetische Figurenverständnis und den strukturalistischen Ansatz.

Da der mimetische Ansatz einen weiten Raum zu spekulativen Interpretationen öffnet, wird im Rahmen dieser Arbeit zunächst eine Figurenanalyse mit strukturalistischem Hintergrund unternommen, wobei auf die Figurenkonzeption nach E.M. Foster[75], das Handlungsmodell nach Greimas[76] und die Figurencharakterisierung nach Rimmon-Kenan[77] eingegangen wird. Schlussendlich wird das auf der Reader-Response-Theorie basierende Modell von Culpeper angewendet, um die strukturalistisch-textuellen Ansätze mit dem mimetisch-außertextuellen Figurenverständnis zu ergänzen, sodass eine Gesamtskizze der untersuchten Figuren entsteht.

Für eine Figurenanalyse ist es nicht unerheblich zu ergründen, welche der Figuren als Protagonist konzipiert ist. Überlegungen dazu, wer denn eigentlich der Protagonist in Kurt Helds Werk ist, gehen deswegen der Analyse der Figuren voraus.

5.1 Der Protagonist in *Die rote Zora und ihre Bande*

Aufgrund der homodiegetischen Erzählerposition Brankos könnte man meinen, dass er der Protagonist der Erzählung *Die rote Zora und ihre Bande* ist. Warum er es nicht ist und was andererseits für Zora als Protagonistin spricht, wird im Folgenden erläutert.

In *Die rote Zora und ihr Bande* ist, unschwer erkennbar, Zora die Titelfigur und auch wenn diese nicht zwangsläufig mit der Hauptfigur übereinstimmen muss, so ist das doch gerade in der Kinder- und Jugendliteratur meist der Fall. Seibert spricht in diesem Zusammenhang von der „Programmatik der Titelfigur als Identifikationsangebot: Der Name des Protagonisten ist auch der Titel und signalisiert damit ein bestimmtes kindheitstypologisches Programm"[78].

Die zentrale Position Zoras wird aber nicht nur durch den Titel transportiert, sondern auch in den verschiedenen Umschlagsgestaltungen des Buches aufgegriffen[79]. Unterstützt wird diese Stellung auch von einem Brief Tetzners an den Verleger, Hans Sauerländer, in dem sie das Buch ihres Mannes anpreist, in dem es um eine „Bande eltern-

---

[75] Foster 2010, 56.
[76] Kim 2002.
[77] Bachorz 2004, 50.
[78] Seibert 2008, 11.
[79] Vgl. die Umschlagsgestaltungen der verschiedenen *Die rote Zora und ihre Bande*- Ausgaben im Anhang. Abb.8, 9 und 10.

loser, verwahrloster, verstrolchter Kinder" geht und den „Mittelpunkt ein Mädchen"[80] bildet[81]. Für das weitere Vorgehen wird dementsprechend Zora als Heldin – im literaturwissenschaftlichen Sinne – und als Protagonistin des Werkes behandelt.

5.2 Der mimetische Ansatz

Das mimetische Figurenverständnis behandelt Figuren als Imitationen der wirklichen Welt. Die „Charaktere" werden dabei als autonome Personen begriffen und diskutiert. Hierbei geschieht die Ergänzung zu „psychologisch realen Personen"[82] durch den Leser, obwohl die Informationen über sie abgeschlossen und damit begrenzt sind. Außertextuelle Erfahrungen und Ansichten der Rezipienten komplettieren zusammen mit textuellen Indizien den Charakter des Helden oder der Heldin[83]. Dies ist notwendig für die Identifikation mit dem Charakter und eine „Grundvoraussetzung des Lesens"[84]. Gerade in der Kinder- und Jugendliteratur ist dies ein wichtiger Aspekt, da ein reflektierter Umgang mit der Fiktionalität der Figuren in der Regel nicht erfolgt. Kinder nehmen literarische Figuren als real wahr, während ältere Leser die Abstraktionsleistung eher erbringen können.

5.3 Der strukturalistische Ansatz

Dem mimetischen steht der strukturalistische Ansatz der Figurenanalyse gegenüber, der auf dem Grundsatz fußt, dass es sich bei Romanfiguren um Konstrukte handelt, die „ausschließlich als Worte auf Papier existieren"[85]. Strukturalistisch orientierte Ansätze der Erzähltheorie beziehen sich darauf, dass Charaktere der Handlung untergeordnet und somit in ihrer Funktion zu betrachten sind.

5.3.1 Figurenkonzeption nach Pfister

Von E.M. Foster und aus der Theaterwissenschaft stammt die Einteilung von Figuren in „flach" (*flat*) und „rund" (*round*)[86]. Erstere durchlaufen im Zuge der Erzählung kaum eine Veränderung und sind mit nur einer zentralen Eigenschaft konzipiert. Demgegenüber stehen die runden Figuren, die eine Vielzahl von Charakteristika besitzen können, Wandlungen erfahren und so die Aufmerksamkeit des Lesers auf sich ziehen. Die vorangestellte Definition eines „Typus" deckt sich in großen Teilen mit dieser Einteilung nach Foster, genauer mit den flachen Figuren.

---

[80] Tetzner, 1940.
[81] Den gesamten Brief finden Sie im Anhang dieser Arbeit als Abb. 11.
[82] Bachorz 2004, 52.
[83] Grabes 1978, 405-428.
[84] Bachorz 2004, 53.
[85] Bachorz 2004, 53.
[86] Foster 2010, 156.

Eine differenzierte Weiterentwicklung des Konzepts ist die Typologie Pfisters[87], die beispielsweise die gleichzeitige Eindimensionalität und Dynamik einer Figur erlaubt. Die Erfassung der Figuren erfolgt hier mit Hilfe von vier Oppositionspaaren:

statisch	oder	dynamisch
eindimensional	oder	mehrdimensional
völlig definiert	oder	offen, mysteriös
transpsychologisch	oder	psychologisch

Abb. 3: Modell für die differenzierte Erfassung der Figurenkonzeption[88]

Auf dieser Grundlage lässt sich die Figur Zora untersuchen. Auf die einzelnen hier erwähnten Charakteristika geht das abschließende Kapitel 7: Die Eigenschaften eines starken Mädchens genauer ein.

Wäre Zora nach Fosters Modell eher eine Vertreterin der flachen Figuren, da ihr augenscheinlichstes und bestimmendes Merkmal ihr Dasein als „starkes Mädchen", inklusive burschikosem Auftreten und körperlicher Leistungsfähigkeit, so ist eine Analyse nach Pfisters Konzept doch deutlich differenzierter möglich:

Dynamik

Zu Beginn der Erzählung entspricht Zora einem klassischen Anführer. Als die Bande dann aber später bei dem alten Gorian lebt, entspricht sie eher dem klassisch-weiblichen Ideal. Sie kocht, kümmert sich um die Ziege, ist insgesamt fügsam und nimmt keine Anführerposition mehr ein. Man könnte von einer Verschiebung von stark zu schwach sprechen, wäre da nicht immer noch die Bereitschaft für sich und die ihren mit allen Mitteln einzustehen. Zora reißt sich die Verkleidung als Dame herunter, um Duro zur Hilfe zu kommen, als dieser zu ertrinken droht[89]. Ein weiteres Kriterium für Zora als dynamische Figur ist die Eifersucht auf Zlata, die sie entwickelt. Durch die weniger rationalen und mehr von Gefühlen geleiteten Handlungen Zoras wird ihre Anführerposition deutlich geschwächt, unter anderem aber auch, da die Gruppe keinen Anführer mehr braucht: durch den Fischer Gorian ist den Bandenmitgliedern eine Zukunft in Sicherheit ermöglicht worden[90].

Dimensionalität

Die Beurteilung der Ein- oder Mehrdimensionalität von Zora fällt schwer, da im allgemeinen Verständnis die Figur des starken Mädchens schon einen Widerspruch in sich vereint. Einerseits besitzt sie eine Stärke, die sowohl mentaler,

---

[87] Pfister 2001.
[88] Bachorz 2004, 58.
[89] Held 2015, 332.
[90] Zach 2012, 42.

als auch körperlicher Natur ist, was in ihrer Position als Anführerin gipfelt. Andererseits ist sie ein „Mädchen", was in mehrfacher Hinsicht Schwäche bedeutet: Weiblichkeit und jugendliches, wenn nicht gar kindliches Alter. Vor diesem Hintergrund lässt sich kein Merkmal finden, das nicht durch die zentralen Eigenschaften der Figur abgedeckt ist. Da aber eben diese Vielschichtigkeit nun einmal das zentrale Charakteristikum des starken Mädchens ist, plädieret einiges für die Einordnung Zoras als mehrdimensionale Figur.

Definiertheit

Die Motive der Figur Zora sind meist klar erkennbar oder werden sogar explizit vom Erzähler oder durch direkte Figurenrede benannt. Ihre Gedanken werden dabei nicht thematisiert, ihre Gefühle werden nur von außen beschrieben, was in der internen Fokalisierung auf Branko begründet liegt. Eine gewisse Mysteriösität – und damit eine Ausnahme – bildet eine Textpassage gegen Ende der Erzählung, als nicht verraten wird, was Zora sich von dem Geld, das die Bande beim Thunfischfang verdient hat, anschaffen möchte. Hier wird der Leser, zusammen mit der Figur Branko, bewusst im Dunkeln gelassen. Dadurch ist dann die plötzliche (scheinbare) Veränderung Zoras überraschend. Eine eindeutige Zuordnung als „völlig definierte" oder „offene, mysteriöse" Figur ist nicht möglich, „weitestgehend definiert" trifft es am ehesten.

Psychologie

Das letzte der oben vorgestellten Oppositionspaare bezieht sich hauptsächlich auf Dramen, bei denen Figuren aus der Handlung heraustreten und den Fortgang der Ereignisse dem Publikum schildern können. Dies kommt im vorliegenden Text nicht vor und wird daher in dieser Arbeit auch nicht behandelt.

Bei Zora handelt es sich demnach nicht um eine flache Figur, da sie viele Aspekte aufweist, die weit über einen Typus hinausgehen. Mit Hilfe von Pfisters Oppositionspaaren gelingt eine grobe Beschreibung einer Figur, die vermutlich insbesondere im Vergleich von mehreren Figuren von Vorteil wäre. Da ich eine solche Gegenüberstellung in dieser Arbeit nicht vornehme, ist das Gesamtergebnis nicht von so großer Wichtigkeit, wie die einzelnen Aspekte für sich genommen. Insbesondere Zoras Dynamik spielt für die weitere Analyse eine tragende Rolle.

5.3.2 Das Handlungsmodell nach Greimas

Die Einteilung der Figuren erfolgt bei Greimas über ihre Funktion in der Handlung, wobei zwischen der Figur selbst (*Akteur*) und der Funktion des Akteurs innerhalb der Handlung (*Aktant*) differenziert wird. Dabei werden sechs Kategorien von Aktanten unterschieden[91]. Die handelnden Figuren in *Die rote Zora und ihre Bande* verteilen sich wie folgt auf das greimassche Handlungsmodell:

Das ‚Subjekt'

Das ‚Subjekt' ist meist mit dem Helden identisch. Charakteristisch für diesen Aktanten ist das Streben nach dem ‚Objekt'. Als weiteres Kriterium führt Greimas die Wandlung des Aktanten und seine Fähigkeit zur Weiterentwicklung an. Der Akteur Branko kann als Subjekt eingeordnet werden, da er derjenige ist, der am stärksten, bzw. vehementesten Ambitionen zeigt. Er verfolgt seine Interessen, seien es nun Zlata oder das Geigenspiel, zielstrebig. Einen Wandel durchläuft er nicht so deutlich, wie beispielsweise Zora dies tut. Auch Zora kann als ‚Subjekt' interpretiert werden. Durch den Eintritt Brankos in die Bande wandelt sie sich vom rationalen Charakter zu einem gefühlsgeleiteten – was vor allem im späteren Verlauf in ihrem durch Eifersucht motivierten Verrat an Branko deutlich wird. Sie strebt nicht nur nach Sicherheit, sondern auch nach Brankos Zuneigung, und erlebt von den handelnden Figuren den stärksten Wandel.

Das begehrte ‚Objekt'

Das ‚Objekt' ist das, wonach das ‚Subjekt' strebt. Es kann sich hierbei um Materielles ebenso handeln wie um ein abstraktes Gut.

Branko strebt nach einem Dasein als Geiger[92] und in der Folge daraus – abstrakter – nach Freiheit[93]. Das ‚Objekt', nachdem Zora und auch die anderen Akteure streben, ist Sicherheit. Dies wird besonders deutlich, wenn man die Auflösung der Bande und die Zukunftspläne der Kinder betrachtet: „Nicola sah sich schon als Matrose. Pavle wollte der beste Bäcker, aber daneben der stärkste Mann von Senj werden. Duro wollte ein paar Ziegen, Karnickel und vor allen Dingen ein Fohlen halten. Branko träumte von seiner Geige, und Zora wollte dem [alten Gorian] kochen und fischen helfen"[94]. Außerdem strebt Zora nach Brankos Zuneigung, wie im Verlauf der Handlung deutlich wird.

Insbesondere die Diskrepanz zwischen den bodenständigen Berufswünschen von Nicola (Matrose), Pavle (Bäcker) und Duro (Bauer) und denen von Branko (Geiger) und Zora (Hausfrau) fallen auf. Die erstrebenswerte, sichere Zukunft liegt für die männlichen Bandenmitglieder im Berufsleben, während Zora keinerlei Ambitionen zeigt, die über das häusliche Leben hinausgehen. Auf diesen Kontrast wird im Kapitel *7.7: „Weibliche Tugenden"* genauer ein.

---

[91] Bachorz 2004, 54.
[92] „[...] ich möchte wie mein Vater Geiger werden.'" (Held 2015, 314).
[93] „Da können wir später von Schänke zu Schänke gehen.'" (Held 2015, 314).
[94] Held 2015, 411.

Der ‚Adressat‘

Für den ‚Adressaten‘ ist das ‚Objekt‘ bestimmt. Er fällt meist mit dem ‚Subjekt‘ – und damit dem Protagonisten – zusammen. Der ‚Adressat‘ hat in der Kinder- und Jugendliteratur keine herausragende Bedeutung, da die Handlungsmuster selten so komplex sind, dass eine Unterscheidung zwischen ‚Adressat‘ und ‚Subjekt‘ vorgenommen wird. Auf eine Analyse der Adressaten in *Die rote Zora und ihre Bande* wird deswegen an dieser Stelle verzichtet.

Der ‚Opponent‘

Der ‚Opponent‘ steht zwischen ‚Subjekt‘ und ‚Objekt‘. Hier handelt es sich in den meisten Fällen um eine konkrete Figur, in vielen Fällen aber auch um Abstrakta wie Neid, Vorurteile oder Stolz.

Der klare Gegenspieler des ‚Subjekts‘ in *Die rote Zora und ihre Bande* ist die Armut. Sie ist es, die die Akteure von einem sicheren Leben trennt. Sie äußert sich in Hunger, Obdachlosigkeit, Mangel an Kleidung, etc. Liest man die Erzählung jedoch als eine beginnende Liebesgeschichte zwischen Branko und Zora, so fällt Zlata die Rolle des Opponenten zu. Meiner Meinung nach ist diese Lesart aber zu vernachlässigen, da die zentralen Themen des Romas – Solidarität und Gerechtigkeit – größere Beachtung verdienen als Zoras beginnende Verliebtheit in Branko.

Der ‚Schiedsrichter‘

Ein weiterer Aktant ist der ‚Schiedsrichter‘, der zur Auflösung des Konfliktes beiträgt. Hier handelt es sich meist um einen Akteur, gelegentlich aber auch um Instanzen wie Gesellschaft oder Zufall.

Der Akteur Gorian tritt hier als moralische, weise Instanz und letztlich als Lösungsbringer auf. Seine Weisheit wird unter anderem durch die von ihm vorgetragene Teufelsgeschichte[95] verdeutlicht, in der er den ewigen Kampf des „Guten“ gegen das „Böse“ erklärt. Auf die Frage der Kinder, warum die Welt nicht immer schön sein könne, antwortet der alte Fischer mit „‚Ich weiß es schon, aber es ist eine lange Geschichte.‘“[96], wodurch sein großes Wissen – wenn nicht gar Allwissenheit – konstituiert wird. So schließt die Geschichte auch mit einem Allgemeinplatz, der den Kindern eine Erklärung für die Ungerechtigkeit der Welt bietet: „‚Deswegen‘, fuhr er fort, ist die Welt nicht immer so schön wie heute, weil sie nicht allein von Gottessohn, sondern auch von Teufelssohn geschaffen wurde. Deswegen ist auch der Mensch nicht immer gut, sondern ge-

---

[95] Die Geschichte entspricht in groben Zügen einer Schöpfungsgeschichte mit der ‚Mutter Welt‘, ihrem guten ‚Gottessohn‘ und dem ungeratenen ‚Teufelssohn‘; vgl. Held 2015, 324ff.
[96] Held 2015, 324.

nauso oft schlecht, weil wir ebenso viel Gutes wie Böses in unserem Kopf und unserem Herzen haben.'"[97].

An anderer Stelle erklärt er den Kindern den Lauf des Lebens und die ihm innewohnende Ungerechtigkeit, als Zora Mitleid mit getöteten Fischen hat: „'Ja', meinte er, ,es ist schlimm. Aber was willst du machen. Die kleinen Fische fressen die Krebse und die Larven. Die großen Fische fressen die kleinen und die großen werden dafür von uns gefressen. Fressen oder gefressen werden, so ist das Leben.'"[98].

Der Akteur Gorian, der wiederholt als ,Vater Gorian' bezeichnet wird – was seine Weisheit unterstreicht – hebt den Gewissenskonflikt der Kinder, den sie beim Stehlen empfinden, auf, indem er ihnen glaubt, dass sie nicht aus Bösartigkeit, sondern aus purem Überlebenstrieb stehlen. Des Weiteren sorgt er mit seiner Fürsprache vor dem Stadtrat dafür, dass die Kinder ein Zuhause bekommen und ihnen eine Zukunft ermöglicht wird[99]. Aufgrund seiner Lebenserfahrung, seiner Güte und Fürsprache für die Bande entspricht er dem Aktanten des ,Schiedsrichters'.

Der ,Helfer'

Der ,Helfer' greift ein, indem er dem ,Subjekt' oder dem ,Opponenten' zu Hilfe kommt. Er ist ein ambivalenter Aktant, kann demnach also „gut" oder „böse" sein.

Der sprichwörtliche Retter in der Not ist in Kurt Helds Erzählung die Figur Zora. Als Branko in akuter Bedrängnis ist, schreitet sie unmittelbar ein, indem sie ihn beispielsweise aus dem Gefängnis[100] und Zlatas' Pavillon[101] befreit. Auch vor andauernd drohendem Leid – konkreter: Hunger und Obdachlosigkeit – bewahrt sie die anderen Akteure.

Bei dieser Lesart wird Zora allerdings die Position als ,Subjekt' aberkannt, was der Figur nicht gerecht wird. Andererseits ergibt sich die Frage, wer denn der ,Helfer' ist, wenn Zora es nicht ist. Keiner der anderen Akteure erfüllt diese Leerstelle, der Aktant ,Helfer' bleibt unbesetzt. Versteift man sich nicht auf einen einzelnen Akteur für diese Position, so kommt die der Arbeiterschicht angehörige Stadtbevölkerung – der Bäcker Curcin, der Bauer Polacék und andere

---

[97] Held 2015, 329.
[98] Held 2015, 321.
[99] Die Bande soll für die von ihr verübten Streiche ins Gefängnis kommen. Gorian handelt für sie mit dem Magistrat eine Übereinkunft aus, dass sie der Strafe entgehen, wenn sie die Bande auflösen. Held 2015, 391ff.
[100] Held 2015, 51ff.
[101] Zlata sperrt Branko in den Pavillon und verrät seinen Aufenthalt an die Polizei. Zora befreit Branko in letzter Sekunde. Held 2015, 378ff.

Freunde der Kinder – infrage. Sie helfen dem ,Subjekt' beim Erreichen seines ,Objektes' – Zora beim Streben nach Sicherheit.

Die folgende Abbildung verdeutlicht die Beziehungen der sechs Aktanten untereinander:

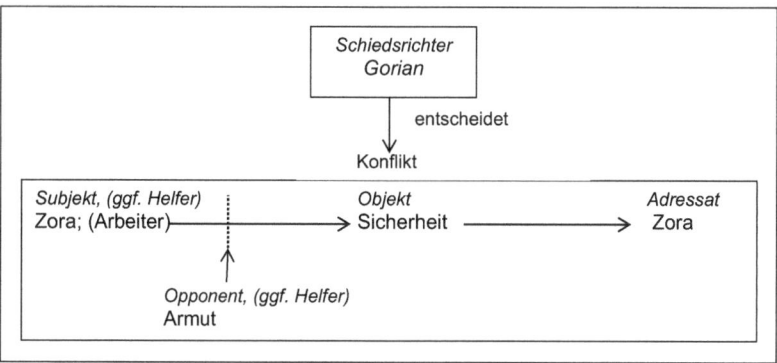

Abb. 4: Modell der Rollen der Figuren in der Handlung[102]

Eine Analyse nach diesem Modell dient zwar dem Überblick über die Funktionen der Figuren, verhindert aber einen Blick auf die Vielschichtigkeit der Akteure. Bei dieser Vorgehensweise kann Zora die Rolle der Helferin zugewiesen werden, wodurch man der Komplexität und der zentralen Stellung dieser Figur allerdings nicht gerecht wird. Durch die Schilderung der Ereignisse aus der Sicht Brankos nimmt er die Rolle einer zweiten Hauptfigur ein und bildet einen Gegenpart zu Zora[103]. Dennoch darf nicht vergessen werden, dass das Mädchen die Hauptfigur der Erzählung ist, wie bereits erläutert wurde.

Die Einteilung in Greimas Handlungsmodell analysiert die Figuren nicht erschöpfend, da die Akteure bzw. Figuren nicht nur *eine* Funktion erfüllen, sondern verschiedene an unterschiedlichen Stellen der Handlung. Greimas schließt einen grundlegenden Wandel der Figuren in Bezug auf ihre Position aus. Diese statische Positionierung entspricht nicht dem, was tatsächlich in der Kinder- und Jugendliteratur vorgefunden wird. Vor allem, wenn davon ausgegangen wird, dass es durchaus dynamisch angelegte Figuren gibt.

Die Analyse nach Greimas' Handlungsmodell für Kurt Helds *Die rote Zora und ihre Bande* ist demnach nur bedingt anwendbar, was insbesondere an Zoras Dynamik liegt. Eine Untersuchung, ob alle sechs Aktanten überhaupt in der Kinder- und Jugendliteratur Verwendung finden, wäre sinnvoll. Leider schweigt sich die Fachliteratur dazu kon-

---

[102] Nach dem Modell von Bachorz. Bachorz 2004, 55.
[103] Kümmerling-Meibauer 1999, 437.

sequent aus und es würde den Rahmen dieser Arbeit sprengen, dies an einem größeren Textkorpus zu untersuchen.

5.3.3 Figurenkonstellationen

Nach der Feststellung, dass die Figuren nicht allein aufgrund ihrer Funktion klassifiziert werden können, erfolgt nun die Untersuchung, wie sie zueinander stehen. Dieses Vorgehen korrespondiert besser mit den sich entwickelnden und verändernden Positionen der Figuren in Kurt Helds Werk. Nach einer kurzen Vorstellung des theoretischen Unterbaus, behandelt der folgende Abschnitt den erwähnten Wandel der Figuren.

Untersucht man die Rolle der Figuren als Teile eines größeren Systems, so gibt es zwei Typen der Figurenkonstellation: Paar- und Dreieckskonstellationen. Bei der Stellung zweier Figuren zueinander handelt es sich entweder um ein Kontrast- oder um ein Korrespondenzpaar. Durch Oppositionen wird die Wirkung der Figuren auf den Leser verstärkt, da die zentralen Charaktermerkmale hervorgehoben werden[104].

In *Die rote Zora und ihre Bande* bilden zunächst Branko und Zora aufgrund ihrer gegensätzlichen Geschlechtlichkeit ein Kontrastpaar. Diese Gegenüberstellung wird vor allem in der beharrlichen Bezeichnung der beiden als „Junge" und „Mädchen" konstituiert. Diese oberflächliche Opposition wird durch die soziale Stellung, die beiden gemein ist, allerdings aufgehoben. Da sie gemeinsame Werte teilen, vor ähnlichen Herausforderungen stehen und beide Teil der gleichen Einheit – der Bande – sind, bilden sie letztendlich ein Korrespondenzpaar. Zora „hatte [Branko] gerngehabt, ihn geliebt wie einen Bruder. Ja, vielleicht noch mehr. Sie hatte ihn allen vorgezogen"[105]. Diese Wir-gegen-den-Rest-der-Welt-Thematik ist ein wiederkehrendes literarisches Muster in Jugendbüchern und typisch für ein beidgeschlechtliches Korrespondenzpaar in zentraler Stellung der Handlung.

Zora und Zlata bilden hingegen zunächst ein Kontrastpaar, indem erstere als wild, dreckig, mit zerrissener Kleidung, jungenhaft und mutig dargestellt wird, während die hervorstechenden Eigenschaften der anderen ihre Schönheit, Anmut und die Ausstrahlung eines Fräuleins, kurz ihre Damenhaftigkeit zu sein scheinen. Im weiteren Verlauf wandelt sich das Verhältnis allerdings. Es wird deutlich, dass die Unterschiede der beiden weiblichen Figuren marginal und hauptsächlich in ihrer gesellschaftlichen Stellung verankert sind. Die Damenhaftigkeit Zlatas wird textuell relativiert, indem Branko sie zwar als „größer und älter" wahrnimmt, sie aber dennoch eben nur „*beinahe* schon eine junge Dame"[106] ist. Dies wird später erneut aufgegriffen, als Zora feststellt, dass Zlata „*wie*

---

[104] Bachorz 2004, 63ff.
[105] Held 2015, 372.
[106] Held 2015, 169.

eine richtige junge Dame"[107] aussieht. Der Vergleich betont, dass sie eben nur so aussieht, aber keine „richtige junge Dame" ist.

Hinsichtlich von Moral[108], Anstand[109] und Tapferkeit handelt es sich bei Zora und Zlata um ein Korrespondenzpaar. Sie teilen insbesondere den Charakterzug der Tapferkeit, was mehrfach betont wird. So bezeichnet Branko Zlata als „tapferen Kerl"[110], wobei „Kerl" nicht auf die Männlichkeit der Figur verweist, sondern im umgangssprachlichen Sinne der 1930er und 40er Jahre geschlechtsneutral als „liebenswerte Person" zu verstehen ist[111].

Gemeinsam ist den Figuren Zlata und Zora auch die fehlende Sozialisation durch die Mutter. Zoras ist lange vor dem Einsetzen der Handlung gestorben und taucht demnach nicht in der Erzählung auf, Zlatas wird nicht erwähnt. Das Fehlen von weiblichen, erwachsenen Figuren wird in Kapitel *6: Konstruktion von Geschlecht* behandelt.

Es gibt praktisch keinerlei direkte Interaktion zwischen Zora und Zlata. Das einzige Mal, dass sich beide gleichzeitig im selben Raum aufhalten, wird Zora von Zlata nicht einmal wahrgenommen: „Das barfüßige Mädchen beachtete sie gar nicht, sie sah nur [den Polizisten]"[112]. Andersherum nimmt Zora ihre vermeintliche Nebenbuhlerin um Brankos Zuneigung sehr wohl war: „Dieses schöne Mädchen war Zlata. Zora hatte sie nur einmal flüchtig bei jener Prügelei am Turm gesehen und vorhin durchs Fenster. Zlata sah ja wie eine richtige junge Dame aus, und es war lächerlich von ihr, auf sie eifersüchtig zu sein"[113]. Aus der fehlenden direkten Interaktion der beiden weiblichen Figuren ergibt sich somit auch keine Szene, in der Branko, Zora und Zlata in einer akuten Dreieckskonstellation auftreten. Nichtsdestotrotz ist diese vorhanden und zur Erzeugung von Spannung unablässig. Hierbei ist besonders hervorzuheben, dass sich innerhalb dieses Dreiecks jede mögliche Konstellation an Korrespondenz ereignet: Branko und Zora durch ihre Lebensweise, ihre gesellschaftliche Situation und die Streiche; Branko und Zlata durch die Musik und Brankos „Abkehr" von der Bande, die Zora als Verrat empfindet; und letztendlich Zora und Zlata durch ihren geplanten Verrat und die anschließende Rettung Brankos.

Die Ambivalenz der Figuren und ihr Wandel bilden wichtige und grundlegende Merkmale der Jugendliteratur und grenzen sie von der Kinderliteratur ab. Wird in Kinderbüchern noch häufig ein binäres Gut/Böse-Bild gezeichnet, so ist die Einteilung in Jugendromanen schon nicht mehr so einfach vorzunehmen.

---

[107] Held 2015, 377.
[108] So bereut Zlata beispielsweise ihren Verrat an Branko schnell und hilft unter anderem dabei, dass die Bande nicht ins Gefängnis muss; vgl. Held 2015, 403ff, insbesondere 405.
[109] Zlata schützt Branko vor den Gymnasiasten, die ihn verprügeln wollen und stellt kategorisch fest „,An Schwächeren rächt man sich nicht.'"; Held 2015,172.
[110] Held 2015, 180.
[111] http://www.dwds.de/?qu=Kerl [13.08.2015, 16:05 Uhr].
[112] Held 2015, 376.
[113] Held 2015, 377.

Dreieckskonstellationen sorgen, wie bereits erwähnt, für Spannung. Das erklärt, warum sie nicht nur auf der Ebene der einzelnen Figuren auftreten, sondern auch in einem größeren Zusammenhang. Die Figuren in Kurt Helds Erzählung können in drei Gruppen eingeteilt werden: „Das sind die Bande [Straßenkinder], ihre Gegner [soziale Oberschicht] und die zwischen beiden vermittelnden Personen wie Gorian, Zlata, Polacék, der Bauer und Wilddieb, Curcin, Ringelnatz [Arbeiterschicht]"[114]. Konflikte entstehen immer entlang der sozialen Trennlinien: die Bande gegen die Gymnasiasten, Gorian gegen die Fischereigesellschaft, etc[115]. Die drei Gruppen stehen dabei in einer Dreieckskonstellation zueinander, in der die Arbeiterschicht und die Straßenkinder korrespondieren und mit der Oberschicht kontrastieren.

Die Analyse der Figurenkonstellation ermöglicht einen Zugang zu den der Erzählung zugrundeliegenden Strukturen. Insbesondere die Stellung Zoras innerhalb der erzählten Welt ist ein zentraler Aspekt ihrer Figur. Da ein Protagonist aber nicht allein durch seine Beziehungen zu den anderen Figuren charakterisiert ist, ist eine weiterführende Untersuchung notwendig. Diese folgt im anschließenden Kapitel.

5.3.4 Figurencharakterisierung nach Rimmon-Kenan

Die Darstellungsmöglichkeiten einer Figur sind vielfältig und auf vielerlei Weise im Zuge der Erzähltheorie untersucht worden. Im Folgenden wird die Charakterisierung der Figur Zora nach der von Schlomith Rimmon-Kenan[116] ausgearbeiteten Methode analysiert. Grundsätzlich muss zunächst zwischen direkter und indirekter Charakterisierung einer Figur unterschieden werden.

Direkte Charakterisierung

,Direkt' (explizit) meint in diesem Zusammenhang die explizite Äußerung des Erzählers oder die figurale Rede über die Eigenschaften einer Figur. Dabei ist die Verlässlichkeit des Senders mit in Betracht zu ziehen, denn „jede explizite Fremdcharakterisierung ist stets auch eine implizite Selbstcharakterisierung"[117]. Besonders auffällig ist die wiederholte Bestätigung von Zoras Tapferkeit, die sowohl wörtlich, als auch implizit einen roten Faden der Erzählung bildet.

Indirekte Charakterisierung

Indirekte (implizite) Charakterisierungen erfolgen auf vielfältige Art und Weise. Es handelt sich dabei um Hinweise, die „dem Lesenden zur Urteilsbildung über Figuren zur Verfügung gestellt werden"[118]. Da die Untersuchung aller indirekten Aussagen über die Figur Zora, wenn überhaupt durchführbar, den Rahmen der vorliegenden Arbeit bei

---

[114] Zach 2012, 57.
[115] Zach 2012, 57.
[116] Rimmon-Kenan 2011.
[117] Bachorz 2004, 60.
[118] Bachorz 2004, 60.

weitem sprengen würde, wird sich hier auf die Charakterisierung durch Handlungen beschränkt.

Vollständigkeitshalber sei auch die implizite Charakterisierung durch das äußere Erscheinungsbild erwähnt. Beim äußeren Erscheinungsbild führt Rimmon-Kenan eine Unterscheidung zwischen den von der Figur beeinflussbaren Merkmalen (z.B. Kleidung) und den ihr immanenten (z.b. die natürliche Haarfarbe) ein. Rimmon-Kenan geht von einem direkten Zusammenhang zwischen gewähltem Äußeren und Charakter, sowie einem symbolischen zwischen den nicht beeinflussbaren Faktoren und den Charakterzügen einer Figur aus. Auf die körperlichen Merkmale und wie sie markiert werden, wird im Kapitel 6: *Konstruktion von Geschlecht* eingegangen, da meiner Meinung nach über die Beschreibung der äußeren Erscheinung in erster Linie das Geschlecht transportiert wird.

Figuren werden auch durch ihre Handlungen charakterisiert, wobei zwischen gewohnheitsmäßigen und einmaligen Aktionen unterschieden werden muss. Gerade gewohnheitsmäßig ausgeführte Aktivitäten lassen Rückschlüsse auf den Charakter zu[119].

Wie bereits erwähnt, sticht die Tapferkeit Zoras hervor. Diese ist vor allem in ihren einmaligen bzw. außergewöhnlichen Taten zu beobachten. Sie verteidigt Branko[120], der sie daraufhin als „das Mädchen, das ihn auf dem Markt so *tapfer* verteidigt hatte"[121] wahrnimmt. Auch die Befreiung von Branko aus dem Gefängnis[122] und die Bereitschaft sich ins Wasser zu stürzen, um Duro zur Hilfe zu kommen[123], sprechen für großen Mut bei einem großen persönlichen Risiko.

Betrachtet man hingegen die gewohnheitsmäßigen Handlungen, so zeigen sie eine andere Seite Zoras. Regelmäßig tröstet sie die anderen Kinder[124], umsorgt sie[125] und verletzt sich ein Mitglied der Bande, so versorgt sie seine Blessuren[126]. Zora zeigt fast mütterliche Qualitäten und Verhaltensweisen: „'Siehst du schlimm aus!' Das Mädchen fuhr ihm ebenfalls mit dem Rockzipfel über das Gesicht"[127].

Diese auf den ersten Blick gegensätzlich scheinenden Verhaltensweisen sind der Schlüssel zu der Figur Zora. Sie ist einerseits stark und mutig – traditionell männliche Eigenschaften – andererseits liebevoll und fürsorglich, was weiblich konnotierte Charakterzüge sind.

---

[119] Bachorz 2004, 60.
[120] Held 2015, 46.
[121] Held 2015, 49.
[122] Held 2015, 52ff.
[123] Held 2015, 331f
[124] Held 2015, 70.
[125] Held 2015, 119f.
[126] Sie verbindet Brankos Hand und tröstet ihn, als er sich verletzt. Vgl. Held 2015, 70. Ebenso, als sich Nicola den Fuß verstaucht, Held 2015, 146.
[127] Held 2015, 136.

5.3.5 Figurenverständnismodell nach Culpeper[128]

Alle der bereits angewandten Ansätze beleuchten jeweils einen bestimmten Aspekt der Figuren. Einen Versuch, diese zu einem kohärenten Bild zu vereinen, kann mit Hilfe von Culpepers Figurenverständnismodell unternommen werden.

Seit den 1970er Jahren versuchen interdisziplinäre Untersuchungen der Rezeptionsästhetik den Widerspruch zwischen dem mimetischen und dem strukturalistischen Figurenverständnis aufzuheben. Die Analyse des Rezeptionsprozesses erfolgte systematisch und kam zu dem Ergebnis, dass der Leser selbst den Gegensatz zwischen der rein textuellen Figur und der ganzen, lebensweltlich-realen Person aufhebt[129].

Jonathan Culpeper hat die Figurenrezeption für Dramen untersucht und dabei ein Figurenverständnismodell entwickelt, das linguistisches Textverständnis mit Erkenntnissen der Reader-Response-Theorie[130] verbindet. Der Ansatz versteht das Wahrnehmen von Figuren als einen auf mehreren Ebenen zugleich ablaufenden, eruierenden und sukzessiven Prozess. Bachorz versucht eine Übertragung des Modells auf Erzähltexte[131] und liefert damit eine Möglichkeit textimmanente und außertextliche Komponenten einer Figur zusammenzuführen. Zur Veranschaulichung bietet sie eine schematische Darstellung des Modells an:

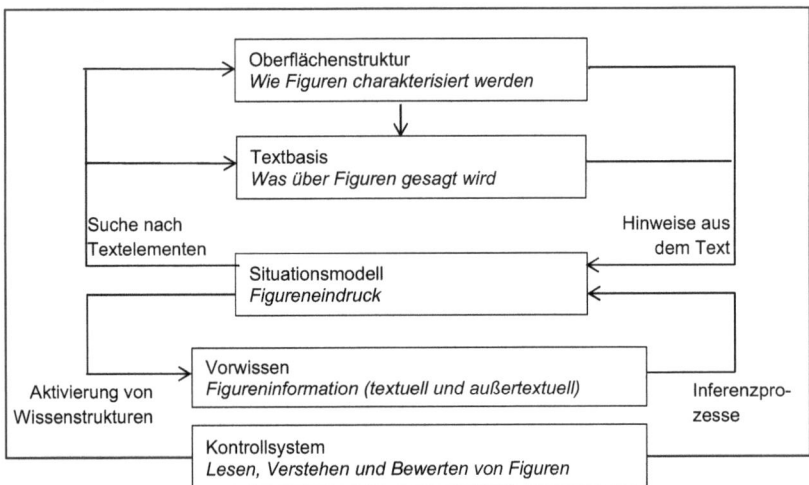

Abb. 5: Culpepers Figurenverständnismodell[132]

„Kontrollsystem" meint hier eine dem gesamten Verstehensprozess übergeordnete Instanz, zu der vor allem „das jeweilige Wertesystem des Lesenden, das seine emotio-

---

[128] Culpeper 2001.
[129] Bachorz 2004, 62ff.
[130] Culpeper 2001, 35.
[131] Bachorz 2004, 62.
[132] Bachorz 2004, 63.

nale Haltung zu den Figuren maßgeblich bestimmt"[133], beiträgt. Auf derselben Ebene wird auch die Art des Lesens bzw. das Wissen des Lesenden über den Text miteinbezogen. So erfolgt die Rezeption einer Person in einem Zeitungsartikel beispielsweise anders als die einer Romanfigur[134].

Die „Textbasis" bezieht sich auf die inhaltlichen Informationen, die aus dem Text gezogen werden können, wohingegen die „Oberflächenstruktur" die rein sprachliche Seite der Charakterisierung bezeichnet. Bei Culpeper ist dies vor allem auf die Wortwahl der figuralen Rede bezogen, allerdings kann es für narrative Texte auf „sämtliche rein sprachliche Charakterisierungstechniken ausgeweitet werden"[135].

Das „Vorwissen" des Lesers beinhaltet Allgemeinwissen über bestimmte Personengruppen und soziale Verhaltensweisen, wodurch es stark vom Kulturkreis geprägt ist. Im „Situationsmodell" laufen schließlich alle Aspekte zu einem Gesamteindruck zusammen, was sich wiederum auf die Figureninformation auswirkt, woraufhin der Prozess der Auswertung von neuem beginnt.

Das Figurenverständnismodell trägt in erster Linie dem Phänomen Rechnung, dass „trotz identischer Oberflächenstruktur und Textbasis völlig unterschiedliche Ergebnisse erzielt werden können"[136], wenn das jeweilige „Kontrollsystem" und „Vorwissen" des Lesenden miteinbezogen werden. Dies macht eine allgemeingültige Analyse der Figuren jedoch zu einer unmöglichen Aufgabe, da der kulturelle Hintergrund den Eindruck der Figuren in hohem Maße beeinflusst. Das Ergebnis einer Analyse muss also stark subjektiv ausfallen.

5.4 Fazit der Figurenanalyse

Die Vielzahl der Ansätze ermöglicht eine vielfältige Herangehensweise an die Figurenanalyse und dementsprechend auch eine Fülle von Ergebnissen. Der Versuch, ein möglichst umfassendes Gesamtbild zu generieren, kann dennoch als geglückt bezeichnet werden. Jede Analysemethode enthüllte einen anderen Aspekt der Figur. Insbesondere die Figurencharakterisierung von Rimmon-Kennan mit der Unterscheidung zwischen einmaligen und regelmäßigen Handlungen verdeutlichte die Ambivalenz einer starken, weiblichen Figur – und hob sie gleichzeitig auf.

Zora ist eine dynamische, mehrdimensionale Figur und steht im Zentrum der verschiedenen Figurenkonstellationen. Diese Komplexität der Protagonistin liefert eine Erklärung für die große Beliebtheit von Kurt Held *Die rote Zora und ihre Bande*.

---

[133] Bachorz 2004, 63.
[134] Bachorz 2004, 63f.
[135] Bachorz 2004, 63.
[136] Bachorz 2004, 65.

6 Konstruktion von Geschlecht

In jeder Gesellschaft werden bestimmte Eigenschaften als „natürlich männlich" und andere folgerichtig als „natürlich weiblich" empfunden[137]. In der Literatur wird diesem binären Schema nicht immer gefolgt, es wird oftmals bewusst gebrochen. Der literaturwissenschaftliche Ansatz, der die Perspektivierung von Geschlecht behandelt, folgt dabei mehrheitlich Ann Oakleys[138] Unterscheidung zwischen dem biologischen Geschlecht – *sex* – und der historisch-kulturellen Kategorie Geschlecht - *gender*. Letzteres zeichnet sich durch „Variabilität, die durch den kulturellen und sozialen Wandel in der Auffassung der Geschlechterrollen und –verhältnisse bedingt ist"[139] aus.

Der literaturwissenschaftliche Zweig der *Gender Studies* befasst sich mit dem Konzept der Geschlechtszuordnung, bzw. mit dem Wandel von Weiblichkeit und Männlichkeit in der Literatur. Nichtsdestotrotz existieren stereotype Vorstellungen, zu denen archetypisch *männlich* und *weiblich* zugeordnet wird. „Dabei ist das männliche Stereotyp gekennzeichnet durch Aktivität, Kompetenz, Leistungsstreben und Durchsetzungsfähigkeit"[140]. Dies entspricht den Eigenschaften einer als „aktiv" und „stark" empfundenen literarischen Figur. „Das weibliche Stereotyp enthält Eigenschaften von Emotionalität (freundlich, sanft, weinerlich) und von Soziabilität (einfühlsam, hilfsbereit, sozial umgangsfähig, anpassungsfähig), von Passivität und praktischer Intelligenz"[141]. Auf diese weiblichen „Tugenden" wird in *Kapitel 7.7: Weibliche Tugenden* genauer eingegangen und analysiert inwiefern sie von starken literarischen Mädchen gespiegelt werden.

Eine vorherrschende Meinung in der Kinder- und Jugendliteraturforschung geht davon aus, dass häufig durch Nomen, also durch die Benennung der Figuren als *Mann/Frau, Junge/Mädchen*, das biologische Geschlecht angegeben wird. Attribute erfassen dagegen die Verhaltensweisen (*weiblich/männlich*) oder beschreiben das Erscheinungsbild. Dadurch ergeben sich Bezeichnung wie „jungenhaftes Mädchen"[142]. Die „männlichen" Eigenschaften können als Charakteristika eines „starken Mädchens" gewertet werden, da sie üblicherweise Mut, körperliche Überlegenheit, Tapferkeit und Fairness beschreiben, wie im folgenden Kapitel dargelegt wird. So bemerkt auch Zach, dass Zora „mit eher männlich konnotierten Attributen und Eigenschaften charakterisiert" wird, wobei sie als „wild, stark, risikobereit, abenteuerlustig, mutig, frech und auch ihre äußere Erscheinung eher als knabenhaft beschrieben"[143] wird.

---

[137] Lehnert 1996, 7.
[138] Oakley 2015, 16.
[139] Kümmerling-Meibauer 1996, 30.
[140] Alfermann 1995, 32.
[141] Alfermann 1995, 32.
[142] Kümmerling-Meibauer 1996, 30f.
[143] Zach 2012, 73f.

Grundsätzlich muss zwischen zwei Ebenen der Geschlechterperspektivierung unterschieden werden: zum einen gibt es die durch den Erzähler vorgenommenen Geschlechtsmarkierung und zum anderen solche Geschlechtsmarkierung, die innerhalb der fiktionalen Welt von den Figuren vorgenommen werden.

6.1 Geschlechtsmarkierung durch den Erzähler

Zora wird, noch bevor sie als handelnde Figur auftritt, schon als „hochaufgeschossenes Mädchen"[144] eingeführt und konsequent weiter so benannt: als „das Mädchen mit dem roten Haar"[145] oder schlicht als „das Mädchen"[146]. Das biologische Geschlecht wird als identitätsstiftend und Alleinstellungsmerkmal gebraucht.

Die äußerlichen körperlichen Merkmale sind hingegen kindlich-geschlechtsneutral markiert: Zora ist „mager und knochig", hat „kecke, helle Augen" und „brandrotes Haar"[147]. Ihre Beine sind „braun, etwas dreckig und fest"[148]. Sie hat einen „schmalen Mund, kleine Ohren und helle, gelbe Augen", außerdem Sommersprossen auf der „spitzen, kühnen Nase"[149] und einen „schönen, schlanken Hals"[150].

Der Kontrast zwischen dem kindlich-ungeschlechtlichen „festen, braunen Körper"[151] und dem Streben nach Schönheit mit Hilfe von Kosmetika, „hohen Schuhen und dünnen Strümpfen"[152] thematisiert die Schwierigkeit einer Geschlechtsidentität, indem auf eine kohärente Zuordnung verzichtet wird.

6.2 Geschlechtsmarkierung durch Figuren

In direkter Figurenrede wird Zora als „Teufelsmädchen"[153] und wiederholt als „das Mädchen"[154] bezeichnet. Ebenfalls in figuraler Rede wird die Zuordnung von ihr bestätigt: „‚Ich bin auch ein Mädchen', lachte sie, ‚und damit du weißt, wer ich bin: Ich bin die rote Zora.'"[155]. Diese mehrfache Kennzeichnung der Weiblichkeit („Mädchen", weiblicher Artikel „die"), findet sich bereits im Titel *Die rote Zora und ihre Bande*. Dort ist es nochmal durch die weibliche Form des Possessivpronomens „ihre" verstärkt. Der Leser wird nicht darüber im Unklaren gelassen, dass es sich hier um eine eindeutig weibliche Figur handelt.

---

[144] Held 2015, 44.
[145] Held 2015, 46.
[146] Held 2015, 44ff.
[147] Held 2015, 44.
[148] Held 2015, 52.
[149] Held 2015, 53.
[150] Held 2015, 331.
[151] Held 2015, 331.
[152] Held 2015, 331.
[153] Held 2015, 58.
[154] Zum Beispiel: Held 2015, 111.
[155] Held 2015, 55.

Im gesamten Text werden explizite Geschlechtsmarkierungen vorgenommen: „die Kleine"[156], „Uskokin"[157] und „Albanierin"[158], wobei es sich bei den letzteren beiden Beispielen um direkte Rede Zoras handelt.

Die gender-Zugehörikeit wird sogar direkt thematisiert: sie sieht einerseits „ernst und knabenhaft, ja manchmal sogar hart und böse" aus, andererseits liegt zeitweilig „etwas Weiches und Mädchenhaftes in ihrem Gesicht" und sie sieht „nicht nur mädchenhaft, sondern geradezu schön"[159] aus.

Der Kontrast zur „schönen Zlata", die „beinahe schon eine junge Dame"[160] ist und sowohl als „Fräulein"[161], als auch als „Mädchen"[162] bezeichnet wird, ist offensichtlich. Zlatas Attribute werden konventionell-weiblich beschrieben. So ist sie eine „schlanke Person", hat eine „hohe, weiße Stirn" und obwohl die Nase „kühn und groß" ist, auch „mädchenhaft und rund"[163]. Die Farbpalette, mit der sie beschrieben wird, kommt mit gemäßigten Farben aus, beinhaltet „das helle Rot der Backen, die bräunliche Schwärze der Augenbrauen, die roten Lippen, die leichte Bräune" und „wellige[s], bräunliche[s] Haar"[164], wohingegen für Zora krassere Farben zur Beschreibung genutzt werden. Es geht beispielsweise um ihr „brandrotes Haar"[165], ihre „gelben Augen"[166] und ihren „grünen Sweater"[167]. So scheitert der Versuch Zoras auch kläglich, durch Verkleidung „so schön wie [...] Zlata" zu sein: sie hat aus der „stolzen roten Zora nur eine hässliche Vogelscheuche gemacht"[168].

Interessanterweise tragen beide Mädchen dieselbe Farbe, als sie Branko zum ersten Mal begegnen. Zora einen „hellgrünen Sweater"[169], Zlata ein Kleid, das „heller als das kräftige Grün des Wagens"[170] ist. Solche, wenn auch unbedeutend erscheinenden Gemeinsamkeiten, verbinden Zlata und Zora mehr, als das ihnen gemeinsame Geschlecht. Dieser Eindruck bestätigt das Ergebnis der Figurenkonstellationenanalyse, bei der eine Korrespondenz zwischen den beiden Figuren festgestellt wurde.

6.3 Das „fremde Kind"

Nachdem im Rahmen der Frage wie Geschlecht konstruiert wird, doch recht binär vorgegangen wurde, wird nun kurz auf das Motiv des „fremden Kindes" eingegangen. Ins-

---

[156] Held 2015, 47.
[157] Held 2015, 93/139.
[158] Held 2015, 139.
[159] Held 2015, 62.
[160] Held 2015, 169.
[161] Held 2015, 171ff.
[162] Held 2015, 173ff.
[163] Held 2015, 272.
[164] Held 2015, 272.
[165] Held 2015, 44.
[166] Held 2015, 53.
[167] Held 2015, 44.
[168] Held 2015, 331.
[169] Held 2015, 49.
[170] Held 2015, 272.

besondere ob es sich hierbei um einen sehr frühen Vorläufer des heutigen „starken Mädchens" handelt, bildet einen zentralen Punkt der Untersuchung.

Der Typus des „fremden Kindes" geht auf E.T.A Hoffmanns gleichnamiges romantisches Kunstmärchen[171] zurück, in dem ein Geschwisterpaar einem phantastischen Wesen begegnet, das sie als Kind mit dem jeweils gleichen Geschlecht wie sie selbst wahrnehmen. Das fremde Kind korrigiert die widersprüchliche Benennung, zum einen als „Junge", zum anderen als „Mädchen", nicht.

Die Figuren, die als seine Nachfahren gelten, werden unter anderem dadurch charakterisiert, dass „die meisten Kindergestalten, die den Typ des fremden Kindes verkörpern, nicht eindeutig geschlechtsmarkiert sind und/oder von anderen Figuren im Text hinsichtlich ihrer Geschlechtszuordnung unterschiedlich, teils sogar widersprüchlich wahrgenommen werden"[172]. Bettina Kümmerling-Meibauer arbeitet in dem Aufsatz *Geschlecht und Charakter in der Kinderliteratur*[173] eine intertextuelle Referenz zu Astrid Lindgrens *Pippi Langstrumpf*[174] aufgrund einiger weiterer Merkmale heraus, wobei sie unter anderem das unbestimmte Alter und die geheimnisvolle Herkunft, eine ungewöhnliche Namensgebung, aber auch die Elternlosigkeit, das auffällige Erscheinungsbild, große körperliche Leistungsfähigkeit und den fehlenden Schulbesuch der zentralen Figur, sowie die „Dreiteilung der Lebensbereiche in das Reich des fremden Kindes, die unmittelbare Umgebung und die weite, feindliche Welt"[175] anführt.

Bei Kurt Helds Erzählung handelt es sich zwar um einen realistischen und keinen phantastischen Jugendroman, nichtsdestotrotz lässt sich aufgrund der Darstellung der Titelfigur ein Bogen zu der kinderliterarischen Tradition des hoffmannschen Motivs schlagen.

Viele der oben benannten Eigenschaften lassen sich auch für Kurt Helds *Zora* nachweisen: ihr Alter wird nur indirekt durch die Bezeichnung als „Mädchen" bestimmt, von ihrer Herkunft und Verwaisung erfährt der Leser zwar durch direkte Figurenrede[176], wobei durch den nüchternen Stil und die betonte Sachlichkeit eine Distanz geschaffen wird und die Gefühle der Figur im Verborgenen bleiben. Dies erklärt zwar die Herkunft Zoras, geheimnisvoll bleibt sie aufgrund des emotionalen Abstands dennoch.

Die Namensgebung geht in diesem Fall mit der hervorstechenden Besonderheit des Äußeren einher: der „rote Schopf"[177] ist Erkennungs- und Alleinstellungsmerkmal der

[171] Hoffmann 2015.
[172] Kümmerling-Meibauer 1996, 31.
[173] Kümmerling-Meibauer 1997.
[174] Lindgren 2008.
[175] Kümmerling-Meibauer 1997, 31.
[176] Held 2015, 117f.
[177] Held 2015, 44.

roten Zora. Die erste Beschreibung des Aussehens erfolgt vollständig aus der Perspektive des „normalen Kindes", in diesem Falle Brankos[178].

Betrachtet man nun die Aufteilung der Handlungsräume, so ergeben sich, wie von Kümmerling-Meibauer ausgeführt, drei Lebensbereiche: zum einen der Herrschaftsbereich des fremden Kindes, in diesem Fall die Burgruine Nehajgrad, in der die Führung Zoras unangefochten gilt und zu dem die Erwachsenen keinen Zutritt haben. Des Weiteren die Küstenstadt Senj, in der sich die Kinder frei bewegen, in der aber eine andere Obrigkeit herrscht und schließlich die „weite, feindliche Welt"[179], die hier unter anderem durch die Beschreibung der Blutrache in Albanien konstruiert wird[180].

Die Beobachtung, dass „die fremden Kinder nicht erwachsen werden können bzw. wollen"[181] wird in *Die rote Zora und ihre Bande* impliziert, indem Zora darauf beharrt, dass sie und die Jungen „Uskoken bleiben [wollen]"[182] als es um ihre Zukunft als „gute Bürger der Stadt"[183] geht.

Es sprechen also einige Punkte für einen intertextuellen Bezug zu E.T.A. Hoffmanns Kunstmärchen. Der Stoff dürfte dem Autor Kurt Held bekannt gewesen sein, da seine Frau Lisa Tetzner über ein umfangreiches Wissen über Kinder- und Jugendliteratur, und insbesondere über Märchen verfügte[184].

6.4 Fazit

Die Markierung des Geschlecht Zoras erfolgt in erster Linie nominal durch die beständige Benennung „Mädchen", sie also eindeutig biologisch-weiblich ist (auf der Ebene des *sex*), andererseits durch charakterliche Merkmale eher einem „jungenhaften" Wesen oder einer kindlich-neutralen Rolle zugeordnet werden muss. Beschreibungen des Äußeren bestätigen den Eindruck der Distanzierung zur Weiblichkeit, was insbesondere durch die kontrastäre Beschreibung „der schönen Zlata" verstärkt wird.

Insgesamt gibt es sehr wenige erwachsene, weibliche Figuren in Helds Jugendroman und erst recht kaum positiv besetzte. Die hexengleiche Großmutter Brankos – die alte Kata – bietet ihm zwar für einen Nacht eine Bleibe in ihrem Schuppen und einen Teller Suppe an[185], jagt ihn aber am nächsten Tag mit dem Rat „'Du wirst [das Stehlen] schon noch lernen. [...] Die Hungrigen stehlen alle.'" und den Worten „'Bist du noch nicht fort, du Teufelsbraten, [...] liegst du noch immer in meinem Stroh! Soll ich erst meinen

---

[178] Held 2015, 44.
[179] Kümmerling-Meibauer 1997, 31.
[180] Held 2015, 118.
[181] Kümmerling-Meibauer 1997, 32.
[182] Held 2015, 407.
[183] Held 2015, 409.
[184] Lisa Tetzner gab 1926 die Märchensammlung *Die schönsten Märchen der Welt für 365 und einen Tag.* Jena., sowie mehrere Anthologien zum Thema Märchen heraus. Außerdem war sie als fahrende Märchenerzählerin in Süddeutschland tätig, bevor sie begann Kinder- und Jugendbücher zu schreiben.
[185] Held 2015, 32ff.

Knüppel nehmen und dich hinausprügeln!'"[186] von dannen. Dies verstärkt einerseits die zuvor erwähnte Kinder-gegen-Erwachsene-Thematik, andererseits verdeutlicht es, dass Weiblichkeit nicht zwangsläufig mit Mütterlichkeit oder Fürsorge gleichzusetzen ist in *Die rote Zora und ihre Bande*.

Wie schon zuvor angedeutet, überschneiden sich die klassischerweise Jungen zugedachten Attribute wie Mut, Tapferkeit, Stärke und das Bestreben die Führung zu übernehmen mit den zentrale Eigenschaften eines starken Mädchens. Darauf konzentriert sich die Zusammenstellung der Eigenschaften im folgenden Kapitel.

---

[186] Held 2015, 38.

7 Die Eigenschaften eines starken Mädchens

Nun werden die Eigenschaften zusammengetragen, die sich als zentrale Aspekte eines starken Mädchens herauskristallisiert haben, sowie aufgezeigt, wie sie im Fall der Figur Zora in Kurt Helds *Die rote Zora und ihre Bande* realisiert sind. Insbesondere die Figurenanalyse von Anführerfiguren von Zach[187] und die dort ausgearbeiteten Aspekte, wie die Rolle des Anführers legitimiert wird, werden hier miteinbezogen. Diese Eigenschaften sind nach meinem Erachten in vielen Punkten deckungsgleich mit den Charakteristika des „starken Mädchens". Als ‚stark' empfundene Figuren sind in der Kinder- und Jugendliteratur häufig die Wortführer, Anführer und Ideengeber. Bei dem hier untersuchten Typus handelt es sich um eine starke, jugendliche Figur, die dem *gender* ‚weiblich' zugehörig ist und somit Charakteristika aufweist, die über eine geschlechtsneutrale Figur hinausgehen.

Exemplarisch für das „starke Kind" soll hier Astrid Lindgrens Pippi Langstrumpf stehen. Die Parallelen von Pippi zu Zora sind nicht zu übersehen: sie haben nicht nur die Haarfarbe gemein, auch die Abwesenheit der Eltern, das Erwachsenen nicht zugängliche Zuhause, Ideenreichtum und den mangelnden Respekt vor der Obrigkeit teilen die beiden Figuren. Andererseits unterscheiden sie sich im Alter - Pippi wird explizit als neunjährig bezeichnet, Zora ist vermutlich ungefähr dreizehn - was zwar in beiden Fällen zu einer Bezeichnung als „Mädchen" führt, aber dennoch einen Unterschied darstellt, der von signifikanter Wichtigkeit ist. So ist Pippi ohne Zweifel ein Kind, das sich vehement gegen das Erwachsenwerden wehrt[188], während Zora an der Grenze zur Pubertät steht und aktiv nach ihrer Geschlechtsidentifikation sucht. Insbesondere in einer Szene gegen Ende der Erzählung wird dies deutlich[189]: Zora schminkt sich, hüllt sich in ein viel zu großes Kleid und vervollständigt diese Aufmachung mit hohen Schuhen, bunten Ketten und einem blumengeschmückten Hut[190]. Dies wirkt zwar wie die unbeholfenen Versuche eines kleinen Mädchens, das sich mit der Kleidung seiner Mutter als Dame verkleidet, beinhaltet aber doch sehr viel mehr. Gerade in Zoras Ausspruch ‚„Jetzt bin ich so schön wie deine Zlata.'" wird die Suche nach Weiblichkeit, hier durch Schönheit ausgedrückt, deutlich. Dieses *doing gender* erfolgt im Sinne einer Selbstdefinition im Rahmen der Geschlechterkonstruktion[191].

Eine einfache Übertragung der für Pippi in diversen Aufsätzen ausgearbeiteten Merkmale auf Zora würde also der Komplexität von Helds Protagonistin nicht gerecht werden. Nichtsdestotrotz teilen sich beide Mädchen, wie erwähnt, einige Charakterzüge,

---

[187] Zach 2012, 90ff.
[188] Mit dem „Zauberspruch" „Liebe kleine Krummelus, / niemals will ich werden gruß." (Lindgren 2007, 391) beschwört Pippi das Verharren in der Kindheit.
[189] Kapitel 21: „Der Kampf mit dem Tintenfisch", Held 2015, 330-349.
[190] Held 2015, 331.
[191] Reinhard 2007, 97.

auf die im Laufe des folgenden Kapitels genauer eingegangen wird. Insbesondere Mut, Stärke und Unternehmungslust, die mehrfach als Beweis für Pippi Langstrumpfs geschlechterrollenübergreifendes Verhalten herhalten[192], sollen hier untersucht werden.

7.1 Autonomie

Wie eingangs für *Pippi Langstrumpf* erwähnt, wird kritisiert, dass Autonomie in voremanzipatorischen Werken durch „jungenhaftes Verhalten" erreicht wird, was zum Teil als subtile „Abwertung des Weiblichen"[193] verstanden wird. Dessen ungeachtet ist jedoch die Unabhängigkeit der Figur von Eltern, Institutionen und dergleichen ein zentraler Punkt einer als stark empfunden Figur.

Die fehlende Einbindung in die „normale Gesellschaft" wird unter anderem durch das konsequente Auslassen von Zoras Nachnamen konstruiert. Während die meisten Figuren in *Die rote Zora und ihre Bande* mit ihrem Nachnamen angesprochen werden und Branko mehrfach als „Branko Babitsch, Sohn von Milan"[194] bezeichnet wird, scheint Zora weder einen Nachnamen zu haben, noch einen zu brauchen. Dies unterstreicht ihre Autarkie und das Fehlen einer bürgerlichen Identität. Sie ist stattdessen in der fiktiven Stadt als „die rote Zora"[195] bekannt oder wird schlicht, wie oben ausgeführt, als „Mädchen" bezeichnet.

7.2 Selbstsicherheit und Entschlossenheit

Selbstsicheres Auftreten und Entschlossenheit bei „Entscheidungsfindungen sind wichtig für die Glaubwürdigkeit der Anführer. Sie erhalten dadurch Respekt und Vertrauen von ihren Gruppenmitgliedern und werden auch von Außenstehenden ernstgenommen"[196]. Zoras entschlossene Vorgehensweise, die sie selbst mit „Ich tue einfach immer, was ich muss."[197] beschreibt, imponiert den anderen Bandenmitgliedern. Es sind auch ihr Ideenreichtum und entschlossenes Eingreifen, die Branko vor dem Gefängnis bewahren[198].

Aufgeben ist für Zora keine Option, sie wehrt sich bis zum Schluss getreu ihres Mottos „Solange einen die Beine noch tragen, soll man ausreißen, und solange sie uns noch nicht am Kragen haben, können wir ihnen auch noch entkommen"[199]. Dies zeigt sich auch, als der alte Gorian sie und Branko in seinem Stall beim vermeintlichen Diebstahl

---

[192] Wild 2012, 31f.
[193] Kehlenbeck 1993, 12.
[194] Held 2015, 50ff.
[195] Immer mit Artikel und Adjektiv, Held 2015, 55ff.
[196] Zach 2012, 91.
[197] Held 2015, 63.
[198] Held 2015, 52f.
[199] Held 2015, 57.

überrascht: Zora „hatte in diesem Augenblick keine Angst mehr, sondern wollte nur gegen die ankommende Gefahr etwas tun"[200].

Zora zieht Grenzen und verteidigt diese auch, wenn nötig, mit Gewalt. So beansprucht sie ihren Platz und ihren Schlafplatz mit Vehemenz: „'Sie lässt keinen hinauf. An der Treppe ist die Grenze. *Ich will mein Lager ganz allein haben*, hat sie gesagt [...] und als [Duro] doch hinaufging, warf sie ihn – ritsch, ratsch – wieder hinunter.'"[201].

7.3 Mut und Tapferkeit

Mut, Tapferkeit und Furchtlosigkeit lassen sich hier in einem Punkt zusammenfassen, da die Begriffe in der Literatur größtenteils Synonym verwendet werden.

„Häufig wird die Rolle des Anführers unter anderem durch seinen besonderen Mut legitimiert", wobei das, was bei den „weiblichen Anführerfiguren besonders hervorgehoben wird, ihre Überlegenheit gegenüber männlichen Gruppenmitgliedern oder Kontrahenten"[202] ist. Das lässt sich auch für Zora nachweisen, da ihre Rolle als Anführerin explizit in ihrer Furchtlosigkeit begründet liegt. Auch die Identifikation mit den Uskoken unterstützt den Führungsanspruch, so war doch „unter ihnen auch ein junges Fräulein, [...] und es war genauso tapfer wie [die Männer]; man erzählt sogar, es sei noch tapferer gewesen"[203]. Sie ist sich ihres Mutes auch bewusst, als sie Branko zurechtweist: „'Mach dich nicht tapferer als du bist, [...] eben hast du noch mehr gezittert als ich"[204].

Die Führungsposition wird nicht diskutiert, sondern ist unumstößlich Zoras, was mehrmals und von verschiedenen Figuren bestätigt wird. „Zora führt die Bande"[205] betont Branko, während Gorian mit der Aussage „Ich habe schon allerlei von dir und deiner Bande gehört."[206] durch das verwendete Possessivpronomen Zora als Anführerin bestätigt. Ihre Position wird von den Bandenmitgliedern gegenüber Außenstehenden ebenfalls durch ihren Mut legitimiert, wobei er mitunter als Gegenargument zu ihrer Weiblichkeit herhalten muss: „'Ihr Jungen gehorcht einem Mädchen?' Zlata schaute [Branko] an. ,Wir gehorchen niemanden. Zora ist aber die Tapferste von uns, und auch bei den alten Uskoken gab es eine Frau, welche die Tapferste war.'"[207].

Mut wird häufig als Zugangsvoraussetzung zur Bande verlangt, das heißt, dass sich das neuhinzukommende Mitglied erst durch eine Mutprobe bewähren muss[208]. Bei Branko erfolgt dieses Aufnahmeritual im Zuge eines Messerspiels[209].

---

[200] Held 2015, 110.
[201] Held 2015, 75.
[202] Zach 2012, 90.
[203] Held 2015, 84.
[204] Held 2015, 105.
[205] Held 2015, 93.
[206] Held 2015, 112.
[207] Held 2015, 274.
[208] Zach 2012, 91.
[209] Held 2015, 68ff.

7.4 Anführer

Bei den Bandenmitgliedern handelt es sich zwar um eine „von der Gesellschaft ver-
schuldete Notgemeinschaft"[210], nichtsdestotrotz gibt es eine klare Hierarchie mit Zora
in der Führungsposition, die im vorangehenden Abschnitt behandelt wurde. Wie von
Zach herausgearbeitet gibt es verschiedene Aspekte mit denen der Führungsanspruch
in literarischen Jugendbanden legitimiert werden kann[211]. Grundsätzlich zählt dazu in
erster Linie die Gründung der Bande durch den Anführer und die anschließende
Machterhaltung. Auf diese beiden Phänomene wird im Folgenden eingegangen.

7.4.1 Akzeptanz durch Überzeugungsarbeit

Aufgrund von „seinen persönlichen Fähigkeiten und Qualitäten"[212] gelingt es dem Anführer die Bandenmitglieder zu einen und hinter sich zu bringen. Dies kann zum Beispiel durch Ideenreichtum realisiert werden. Im Fall *Die rote Zora und ihr Bande* geschieht es durch Zora als Gründerin der Bande, die sich sukzessive um sie herum er-
weitert[213]. Der erste ist Pavle, den sie durch das Versprechen von Sicherheit und Essen an sich bindet: „'Komm mit mir. Da tut dir niemand etwas, und es kann dich auch
niemand mehr schlagen,[...] ich werde immer satt, und da wirst du auch satt werden.'"[214]. Sie verspricht den Jungen Sicherheit, überzeugt sie dadurch von ihren Führungsqualitäten und erreicht dadurch die treue Folgschaft der Bande. Besonders von
Pavle heißt es, dass er ihr „wie ein Hund folgte"[215].

7.4.2 Machterhaltung durch das Bestehen von Bewährungsproben

Hat sich ein Anführer etabliert, so gilt es die Machtposition zu halten. „Durch sogenannte Bewährungsproben stellt er seine persönlichen Fähigkeiten und Qualitäten als auch
seine Führungsqualitäten unter Beweis. Besteht er diese Bewährungsproben nicht,
kann er sich seiner Rolle als Anführer nicht mehr sicher sein"[216]. Diese Bewährungsproben geschehen häufig in Form einer äußeren Bedrohung, der die Bande entgehen
muss. Zora und ihre Bande fliehen vor der Obrigkeit in die Berge, Verteidigen ihren
Unterschlupf und nehmen Rache, wenn ihnen Unrecht widerfahren ist. Alles wird von
der Anführerin Zora geplant, koordiniert, angeordnet.

„Viele Anführer stellen ihre Fähigkeiten unter Beweis, indem sie in Problemsitua-
tionen schnell reagieren und handeln. Sie entwickeln Pläne, die den Lösungsweg vor-

---

[210] Zach 2012, 55.
[211] Zach 2012, 90ff.
[212] Zach 2012, 65.
[213] Held 2015, 119ff.
[214] Held 2015, 119f.
[215] Held 2015, 155.
[216] Zach 2012, 67.

geben und teilen die Aufgaben, den Fähigkeiten der Gruppenmitglieder entsprechend, zu"[217].

7.5 Schläue und Reflektiertheit, Intelligenz, Erfahrung

Ein gewaltiger Wissensvorsprung Zoras gegenüber Branko zeigt sich in vielfältiger Weise[218]. Sie kennt auch ihre Umwelt genauestens und kann sich dadurch Vorteile verschaffen. So gelingt ihr und Branko die Flucht vor der Polizei, da Zora „jeden Winkel kannte. Sie teilte Gebüsch, umging jeden Stacheldraht, jeden Zaun, der zu hoch war, kannte jede Pforte, die offen stand und bei denen, die verschlossen waren, wusste sie einen Durchschlupf"[219]. Zora kennt die Bandenmitglieder am besten, ihre Stärken, Schwächen und Ängste und ist sich dessen auch bewusst. So weist sie beispielsweise Branko zurecht, als er Duro kritisiert: „Du kennst ihn ja noch gar nicht. Duro ist ein ganz brauchbarer Junge, und wenn wir ihn nicht gehabt hätten, wäre es uns schon manchmal sehr schlecht ergangen."[220].

Nicht nur durch das Wissensgefälle zwischen Zora und dem Rest der Bande sticht sie hervor, sondern auch durch Erfahrungswerte, die sie den anderen voraushat. So ist Branko völlig fasziniert von einem Sonnenaufgang, den er für das Schönste hält, was er je gesehen hat, während Zora, „die das schon oft gesehen hatte", bemerkt: „'Es wird noch schöner.'"[221]. Diese Überlegenheit wird dadurch betont, dass Zoras Selbstverständnis nicht gerade durch Bescheidenheit geprägt ist. So reagiert sie auf die Warnung, dass die Begovic, der Polizist, überall nach ihr suchen würde, lapidar: „'Soll er. Die rote Zora fängt man nicht so leicht.'"[222].

7.6 Körperliche Stärke/Aussehen

Zora läuft mit „leichtfüßiger Gleichmäßigkeit, und obwohl sie barfuß [ist, tritt] sie fest auf alle Steine, Gräser, Scherben und Disteln"[223]. „Das Mädchen blieb wieder allen weit voraus"[224] als die Kinder durch den Wald rennen. Sie läuft schneller als ihre männlichen Mitstreiter, ist ausdauernder und ihnen körperlich überlegen. Obwohl Pavle, ein Bandenmitglied, als „unerhört stark"[225] bezeichnet wird, stellt Nicola Zoras Position heraus: „'Sie ist stark, die Zora, stärker als wir alle.'"[226]. Die außergewöhnlichen körper-

---

[217] Zach 2012, 71.
[218] Beispielsweise als sie Branko belehrt, dass „die Früchte duften, nicht die Bäume" (Held 2015, 104), als die Kinder Aprikosen stehlen wollen.
[219] Held 2015, 57.
[220] Held 2015, 121.
[221] Held 2015, 125.
[222] Held 2015, 134.
[223] Held 2015, 88.
[224] Held 2015, 155.
[225] Held 2015, 120.
[226] Held 2015, 75.

lichen Leistungen sind zwar nicht so phantastisch ausgeprägt wie bei Astrid Lindgrens Titelfigur Pippi Langstrumpf, aber dennoch erkennbar.

Die Protagonistinnen des klassischen Mädchenbuches sind üblicherweise hübsch und entsprechen damit der „Analogie schön/gut kontra hässlich/böse"[227]. Dieses traditionelle ästhetische Muster der Volksliteratur gilt nicht für starke Mädchen, wie schon Wild für Lindgrens Pippi Langstrumpf darlegt[228]. Andere körperliche Charakteristika, wie etwa Stärke und Schnelligkeit werden höher geschätzt und von größerer Wichtigkeit für den Typus des starken Mädchens.

Zoras Stärke legitimiert ihre Rolle als Anführer, gleichzeitig sorgt diese Führungsposition aber auch für Stärke. Die gleichen Eigenschaften, die sie als Anführerin qualifizieren, sind die, die sie als „starkes Mädchen" im literaturwissenschaftlichen Sinne eines Typus charakterisieren, was durch ihre Führungsposition noch verstärkt wird. Diese Wechselseitigkeit lässt sich schematisch wie folgt darstellen:

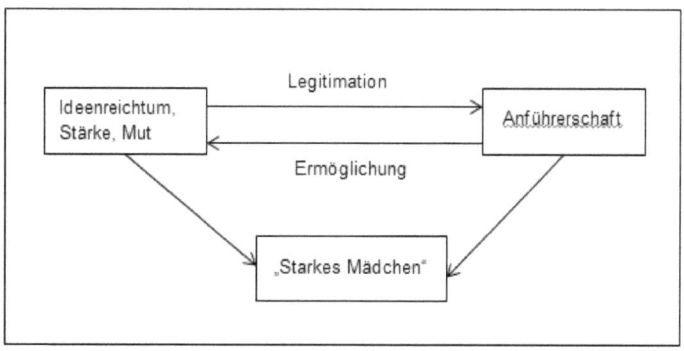

Abb.6: Wechselwirkung von Anführerschaft und "starkem Mädchen"

Nicht nur körperliche Stärke, sondern auch andere äußerliche Charakteristika sind ein wiederkehrendes Element bei literarischen Heldinnen. Exemplarisch wird hier auf rote Haare bei jugendlichen Protagonisten eingegangen. So findet man sie nicht nur bei Pippi Langstrumpf, wo die Haarfarbe als „fröhlich-subversives Element, ein Ausdruck von Andersartigkeit und Selbstbewusstsein"[229] gesehen wird, sondern auch schon in Wilhelm Buschs *Max und Moritz* (1865) und seiner rothaarigen Titelfigur Moritz. In Kurt Helds Text „signalisiert die rote Haarfarbe der Protagonistin Widerstand"[230], was unter anderem in der kulturhistorisch negativen Konnotation begründet ist, die „in scharfem

[227] Wild 2012, 28.
[228] Wild 2012, 28.
[229] Wild 2012, 28f.
[230] Wild 2012, 28.

Kontrast zur heutigen ästhetischen Aufwertung steht"[231]. Diese Aufwertung wurde nicht zuletzt von positiv besetzten, rothaarigen Protagnisten begünstigt.

7.7 „Weibliche Tugenden"

Nachdem bisher vor allem die als männlich geltenden Charakteristika analysiert wurden, soll es nun um die andere Seite der starken Mädchen gehen. Wild bemerkt über Pippi Langstrumpf die Vereinigung von klassisch-weiblich und männlichen Eigenschaften: „In ihrem kühnen Zugriff auf die Welt besitzt sie Eigenschaften, die traditionell dem männlichen Geschlechtscharakter zugeordnet wurden, doch hat die Figur Pippi auch weiblich konnotierte, ja geradezu mütterlich-versorgende Aspekte: Sie macht Geschenke, verteilt Essen und Süßigkeiten, beschützt und tröstet die Kinder"[232]. Kommen wir nun also zu den Charakteristika, die traditionell weiblichen Geschlechterrollen zugedacht sind. Diese werden zum Teil explizit abgelehnt, etwa indem Zora verächtlich von ihrem Aufenthalt in einem Kloster berichtet, wo sie „den ganzen Tag >brav< sein, schreiben und lesen oder singen und beten"[233] sollte. Nichtsdestotrotz weist sie Merkmale auf, die als klassische weibliche Tugenden akzeptiert und transportiert wurden. Insbesondere, wenn man sich vor Augen hält, dass das Werk in den 1930er Jahren verfasst wurde.

7.7.1 Fürsorge und Verantwortungsbewusstsein

Die liebevolle Zuwendung des Anführers seiner Bande gegenüber, wurde von Zach untersucht. Führen familiäre Missstände oder das gänzliche Fehlen einer Familie „zur Flucht in eine Gruppe Gleichgesinnter oder zur Gründung einer Art Notgemeinschaft bzw. Ersatzfamilie, schlüpft der Anführer häufig in die Mutter- bzw. Vaterrolle"[234]. Der Umgang Zoras mit den Gruppenmitgliedern ist von Fürsorge geprägt und liebevoll. „Zora verkörpert einerseits einen androgynen Typus des freien und wilden Kindes, andererseits erhält sie Züge einer Idealmutter, die sich fürsorglich um die Jungen kümmert, wenn sie in Gefahr sind oder verletzt werden, und die dabei gleichzeitig Spielkameradin ist"[235].

Geborgenheit und Sicherheit sind dabei von zentraler Bedeutung. „Die Anführer erfüllen ihren Gruppenmitgliedern ihre Wünsche und Sehnsüchte, wie ein zu Hause, Geborgenheit und Schutz. Sie nehmen ihnen ihre Ängste und Sorgen und bieten ihnen

---

[231] Wild 2012, 28.
[232] Wild 2012, 42.
[233] Held 2015, 118.
[234] Zach 2012, 100.
[235] Jentgens 1999, 512.

ein strukturiertes Leben"[236]. Genau das geschieht in Kurt Helds Jugendroman. Die Jungen sind einsam und verzweifelt, bis Zora sich ihrer annimmt[237].

Als sich Branko im Zuge des Aufnahmerituals mit einem Messer verletzt, tröstet und verarztet Zora ihn auf fast mütterliche Weise: sie „riss ein Stück Leinen von ihrem Hemd und wickelte es um Brankos Hand. ,So', tröstete sie ihn, ,nun halte die Hand hoch. Es wird schon wieder aufhören.'"[238]. Sie zeigt altruistische Züge, wie sie normalerweise charakteristisch für Mütter in Bezug auf ihre Kinder sind: Hunger ist ein allgegenwärtig im Alltag der Kinder. Nichtsdestotrotz verzichtet Zora auf ihr Abendessen und gibt es Branko, als Duro ihm seines vorenthält[239].

Das Ende von Zoras Anführerschaft wird angedeutet, als sie sich mit Branko auf Augenhöhe begibt, indem sie ihre „Mutterrolle" verlässt und ihm gegenüber bemerkt, dass sie „'einen Bruder haben [möchte], der so ist wie du.'"[240].

7.7.2 Nahrungszubereitung

Die Zubereitung von Nahrung ist seit jeher eine der grundsätzlichen Aufgaben in einem Haushalt und damit im traditionellen Sinne im Zuständigkeitsbereich der Hausfrau. Dieses Motiv findet sich selbst in der Kinder- und Jugendliteratur mit rebellischen Protagonistinnen wieder: Pippi Langstrumpf bereitet Pfannkuchen zu und backt Plätzchen[241]. In Kurt Held Erzählung wird Nahrung tatsächlich selten zubereitet, wenn aber doch, so ist es Zora, die diese Aufgabe übernimmt[242]. Auch als die Bande beim alten Gorian lebt, geht sie ihm zur Hand, wenn es um die Zubereitung der Mahlzeiten oder um das Tischdecken geht[243].

7.7.3 Freizeitaktivitäten und sonstige Charakteristika

Einige andere Charakteristika, wie etwa die Liebe zu Tieren und Freizeitbeschäftigungen sollen hier nicht unerwähnt bleiben, auch wenn ihnen keine so zentrale Rolle zukommt, wie die zuvor genannten Punkte.

So wenig über Zoras Gefühlswelt explizit gesagt wird, so erfährt der Leser doch, dass sie Falken gern hat[244]. Dies, und dass sie ohne zu zögern einem verletzten Hund[245] hilft, spricht für ihren fürsorglichen Charakter und ihre Liebe zu Tieren, die nicht untypisch für Protagonistinnen in klassischer Mädchenliteratur ist. Eine weitere Referenz zu

---

[236] Zach 2012, 100.
[237] Held 2015, 119ff.
[238] Held 2015, 70.
[239] Held 2015, 86.
[240] Held 2015, 118.
[241] Lindgren 2007, 20 und 24.
[242] Held 2015, 131f.
[243] Held 2015, 247.
[244] Held 2015, 78.
[245] Held 2015, 108.

klassischem mädchenhaften Verhalten stellt Zoras Versuch eines Knickses dar, als sie sich bedankt[246].

Freizeitaktivitäten im eigentlichen Sinne kommen in der Erzählung kaum vor. Sind die Kinder doch einmal nicht mit der Nahrungsbeschaffung beschäftigt oder auf der Flucht, so ziehen sie sich in den Turm der Burgruine, ihrem Zuhause, zurück. Dann liest Duro, Pavle schnitzt, Nicola kümmert sich um die ebenfalls im Turm lebenden Tauben und Zora sitzt auf ihrer Empore und näht[247]. Dieses fast familiär anmutende, idyllische Bild rückt Zora auch durch die Wahl der Freizeitbeschäftigung in die Position der Mutter.

---

[246]Held 2015, 243.
[247] Held 2015, 103.

8 Abschließendes Fazit

Nachdem verschiedene Aspekte und Blickwinkeln auf den Typus des „starken Mädchens" in Kurt Helds *Die rote Zora und ihre Bande* untersucht wurden und ein differenziertes Ergebnis zustande kam, soll nun ein abschließendes Fazit gezogen werden.

Der aktuelle Forschungsstand, auf dessen Grundlage diese Arbeit basiert, ist dabei nicht so aktuell, wie man sich das wünschen würde. In den 1990er Jahren, sowie in den ersten Jahren der 2000er herrschte ein reges Interesse an literarischen Mädchenfiguren, was seitdem merklich nachgelassen hat. Eine Erklärung hierfür wurde nicht gefunden. Insgesamt scheint die Kinder- und Jugendliteraturforschung zu stagnieren, bzw. von einigen Literaturwissenschaftlern rundweg abgelehnt zu werden. Die Bemühungen der 1990er Jahre diesen Zweig der Literaturwissenschaft zu etablieren dauern bis heute an. Die vorliegende Bachelorarbeit bemüht sich einen Teil zur Forschungsdiskussion beizutragen.

Die Figurenanalyse enthüllte die Komplexität der Titelfigur von Kurt Helds Jugendroman. Zora ist eine starke weiblich Protagonistin und somit als ein „starkes Mädchen" zu bezeichnen, dies kristallisierte sich schnell heraus. Die Festlegung auf einen bestimmten Typus ist hingegen nicht ganz so einfach. Nach eingangs erwähnter Definition ist ein Typus „eine Figur, die als Verkörperung einer Haupteigenschaft bzw. eines standardisierten Bündels einiger weniger um sie gruppierter Merkmale angelegt ist"[248].

Dies trifft so nicht ganz auf Helds Zora zu. Das „standardisierte Bündel" von Eigenschaften entspricht zwar den im vorangehenden Kapitel ausgearbeiteten Charakteristika, jedoch scheint die Charakterisierung Zoras den Rahmen eines Typus ganz offensichtlich zu sprengen. Ein Typus kann sich nicht weiterentwickeln, er bleibt in seinen anfänglichen Charaktereigenschaften konstant. Eben dies ist kann für Zora nicht festgestellt werden. Sie durchläuft im Laufe der Erzählung einen Wandel vom autarken, rationalen, aktiven Charakter zu einer eher emotional geleiteten, weniger aktiven Figur. Das schließt Zora als Vertreterin eines Typus eigentlich aus. Nichtsdestotrotz weist sie natürlich viele Gemeinsamkeiten mit anderen starken literarischen Mädchen auf, weswegen sie nicht als Prototyp bezeichnet werden kann, sondern eher in der Peripherie des Typus gesehen werden muss. Sie beginnt als klassische Vertreterin des Typus' und entwickelt sich dann weiter. Erst die Weiterentwicklung macht sie zu einer komplexen und interessanten Protagonistin. Am Schluss der Erzählung bietet sie keine emanzipierte Identifikationsmöglichkeit für die intendierten Leser mehr, was dem Zeitgeist der Entstehungszeit geschuldet ist. Eine erwachsene Vertreterin des „starken Mädchens", also eine „starke Frau", hätte kein so großes identifikatorisches Potential gehabt, wie die Figur Zora das in dieser Ausarbeitung hat.

---

[248] Fricke 1997, 297.

Folgende schematische Darstellung verdeutlicht die Verschiebung von Zoras Position von einer prototypischen Darstellung hin zu einer komplexen Protagonistin:

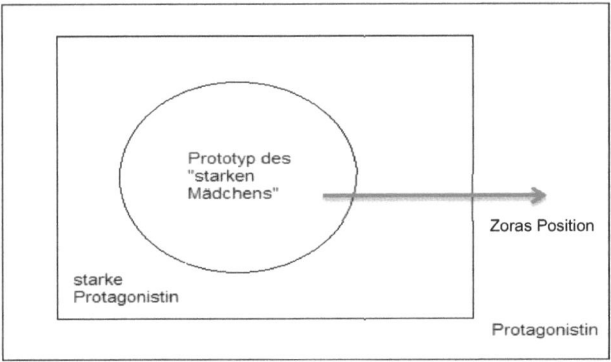

Abb. 7: Zoras Entwicklung vom Typus zur Protagonistin

Die Feststellung, dass Zora also nicht unbedingt einem Typus entspricht, schmälert jedoch in keiner Weise ihre Bedeutung für die Entwicklung starker literarischer Mädchenfiguren. Vielmehr ist sie eben eine Vorläuferin, ein starkes Mädchen der ersten Stunde, wenn man so will. Diese Position wird auch in einschlägigen Untersuchungen bestätigt: „Als erste Anführerin (1941) und weibliche Leitfigur erhält Zora einen ganz besonderen Stellenwert in der Kinder- und Jugendliteraturgeschichte"[249]. Ihre Bedeutung über die Literatur hinaus ist, ähnlich wie bei Pippi Langstrumpf, wiederholt diskutiert worden. Insbesondere wenn es um das Ausbrechen aus tradierten Rollenbildern ging, wurde sich immer wieder auf Zora berufen. „Lange vor den emanzipatorischen Kinder- und Jugendbüchern der siebziger Jahre hat Held eine Mädchenfigur geschaffen, die zumindest tendenziell auf eine Überwindung geschlechtsspezifischen Rollenverhaltens hindeutet. Zora wurde so zu einer frühen Leitfigur in der feministischen Diskussion"[250]. Der Kernpunkt dieser Diskussion ist meiner Meinung nach, dass starke Mädchen beiden Geschlechtern eine Identifikationsmöglichkeit bieten. Damit bilden sie einen Kontrapunkt zur bürgerlichen Mädchenerziehung. Nach wie vor ist die Kinder- und Jugendliteratur ein Medium der Erziehung und starke Protagonistinnen besitzen durch ihre Vorbildfunktion ein erzieherisches Potential für beide Geschlechter. Zora kann dementsprechend Lesern jeglicher Geschlechtszuordnung als Identifikationsfigur dienen. Insbesondere aber für weibliche Kinder und Leser, die sich in der Anfangsphase der Pubertät befinden, ist sie ein Vorbild – auch 74 Jahre nach ihrem ersten Erscheinen.

---

[249] Zach 2012, 73.
[250] Jentgens 1999, 437.

Literaturverzeichnis

Primär

Held, Kurt (2015): *Die rote Zora und ihre Bande.* Frankfurt am Main.

Lindgren, Astrid (2007): *Pippi Langstrumpf.* (Jubiläumsausgabe zum 100. Geburtstag von Astrid Lindgren). Die Ausgabe enthält die Trilogie mit den Titeln „Pippi in der Villa Kunterbunt" (S.7-147), „Pippi geht an Bord" (S.149-280), „Pippi im Taka-Tuka-Land" (S.281-395). Hamburg.

Lindgren, Astrid (2008, schwed. EA 1945): *Pippi Langstrumpf.* Deutsch von Cäcilie Heinig. Hamburg.

von Rhoden, Emmy (1885): *Der Trotzkopf.* Stuttgart.

Sekundär

Alfermann, Dorothee (1995): *Männlich – Weiblich – Menschlich: Androgynie und die Folgen.* In: Pasero/Braun (Hrsg.): Konstruktion von Geschlecht. Paffenweiler.

Bachorz, Stephanie (2004): „Zur Analyse der Figuren", in: Wenzel, Peter (Hrsg.): *Einführung in die Erzähltextanalyse. Kategorien, Modelle, Probleme.* Trier.

Bonsels, Waldemar (1912): *Die Biene Maja und ihre Abenteuer. Ein Roman für Kinder.* Berlin.

Culpeper, Jonathan (2001): *Language and Characterisation. People in plays and other texts.* Harlow [u.a.].

Ewers, Hans-Heino (2000): *Literatur für Kinder und Jugendliche. Eine Einführung in grundlegende Aspekte des Handlungs- und Symbolsystems Kinder- und Jugendliteratur.* München.

Foster, E.M. (2010): *Aspects of the Novel.* New York.

Fricke, Harald (1997): *Reallexikon der deutschen Literaturwissenschaft. Band 1 A – G.* Berlin. New York.

Gier, Kerstin (2014): *Silber – das zweite Buch der Träume.* Frankfurt am Main.

Grabes, Herbert (1978): *Wie aus Sätzen Personen werden...Über die Erforschung literarischer Figuren.* In: Poetica 10.

Green, Josh (2014): *Das Schicksal ist ein mieser Verräter.* Deutsch von Sophie Zeitz. München.

Grenz, Dagmar (1997): Darstellungsformen weiblicher Adoleszenz in der zeitgenössischen Literatur und in der allgemeinen Literatur. In: Grenz, Dagmar/Wilkending, Gisela (Hrg.): *Geschichte der Mädchenlektüre : Mädchenliteratur und die gesellschaftliche Situation der Frauen vom 18. Jahrhundert bis zur Gegenwart*, S. 277 - 294. Weinheim; München.

Häusler, Regine (1996): Weiblichkeitsentwürfe in der Mädchenliteratur des Nationalsozialismus. Ein Vergleich zwischen favorisierten Mädchenbüchern und ‚Konjunkturschriften'. In: Gudrun (Hg): *Inszenierungen von Weiblichkeit. Weibliche Kindheit und Adoleszenz in der Literatur des 20. Jahrhunderts.* Opladen. S. 215- 233.

Henn, Kristina Magdalena (2014): *Ostwind. Rückkehr nach Kaltenbach.* München.

Hoffmann, E.T.A. (2015): *Das fremde Kind.* Neusatz der Ausgabe E.T.A. Hoffmann (1963): Poetische Werke in sechs Bänden, Band 3. [deutsche EA 1819]. Berlin.

http://www.amazon.de/b/ref=amb_link_186387647_1?ie=UTF8&jubulinkjbs=&node=525063503 1 [23.07.2015, 13:40 Uhr].

http://www.duden.de/rechtschreibung/Held [12.08.2015, 14:12 Uhr].

http://www.dwds.de/?qu=Kerl [13.08.2015, 16:05 Uhr].

http://www.fbw-filme.de/pdw/Erscheinungsjahr%202008/rote_Zora/rote_zora.htm [23.08.2015, 08:33 Uhr]

http://www.fischerverlage.de/buch/die_rote_zora_und_ihre_bande/9783733500917 [23.07.2015, 15:03 Uhr].

http://www.sauerlaender200.ch/#childbook_2; [Stand 23.07.2015, 16:12 Uhr].

http://www.sauerlaender200.ch/#childbook_5 [Stand 20.07.2015, 20:21 Uhr].

http://www.sauerlaender200.ch/#persons_3 [Stand 23.07.2015, 16:12 Uhr].

http://www.thienemann-esslinger.de/planet-girl/buecher/freche-maedchen-freche-buecher/ [19.07.2015, 16:37 Uhr].

Jentgens, Stephanie (1999): *Ein Robin Hood der Kinderwelt. Kurt Helds >Die rote Zora und ihre Bande<.* In: *Klassiker der Kinder- und Jugendliteratur. Ein internationales Lexikon. Bd 2.* Stuttgart. Weimar.

Kehlenbeck, Corinna (1993): *Ist Pippi out? – Gedanken zur rebellischen Heldin in der Kinder- und Jugendliteratur am Beispiel der Pippi Langstrumpf.* In: Studienreformprojekt PIL. Die soziale Kategorie ‚Geschlecht' in der Ausbildung von Lehrerinnen und Lehrern. Freie Universität. Berlin.

Kim, Taehwan (2002): Vom Aktantenmodell zur Semiotik der Leidenschaften. Eine Studie zur narrativen Semiotik von Algirdas J. Greimas. Tübingen.

Kümmerling-Meibauer, Bettina (1996): Identität, Neutralität Transgression. Drei Typen der Geschlechterperspektivierung in der Kinderliteratur. In Lehnert, Gudrun (Hg): *Inszenierungen von Weiblichkeit. Weibliche Kindheit und Adoleszenz in der Literatur des 20. Jahrhunderts.* Opladen. S. 29- 47.

Kümmerling-Meibauer, Bettina (1997): *Geschlecht und Charakter in der Kinderliteratur.* In: Lesezeichen. Mitteilungen des Lesezentrums der Pädagogischen Hochschule Heidelberg. Heft 2/1997, S. 27-49.

Kümmerling-Meibauer, Bettina (1999): *Klassiker der Kinder- und Jugendliteratur. Ein internationales Lexikon. Bd 1.* Stuttgart. Weimar.

Kümmerling-Meibauer, Bettina (2012): „'Bad good girls' in der internationalen Kinderliteratur. Vom Bilderbuch bis zur Young Adult Novel." In Möhrmann, Renate (Hg): *rebellisch verzweifelt infam. Das böse Mädchen als ästhetische Figur.* Bielefeld. S.45-66.

Lehnert, Gertrud (1996): *Inszenierungen von Weiblichkeit. Weibliche Kindheit und Adoleszenz in der Literatur des 20. Jahrhunderts.* Opladen.

Marmet, Otto (1999): *Ich und du und so weiter. Einführung in die Sozialpsychologie.* Weinheim, Basel.

Mikota, Jana (2008): Astrid Lindgrens Märchenbücher. http://www.alliteratus.com. [Stand 24.07.2015].

Nun, Katalin (2001): Mädchenleben in Ost und West – DDR, Ungarn, Bundesrepublik Deutschland. In: Ewers, Hans-Heino/Garbe, Christine/Rank, Bernhard/Steinlein, Rüdiger (Hrsg.): *Kinder- und Jugendkultur, -literatur und –medien. Theorie – Geschichte – Didaktik.* Band 13. Frankfurt am Main.

Oakley, Ann (2015): *Sex, Gender, and Society.* Aldershot.

Pfister, Manfred (2001): *Das Drama.* Lindenberg.

Reinhard, Antje (2007): Das Umstülpen des Handschuhs. Gewalt und Geschlechterverhältnis aus der Sicht der ästhetischen Praxis. In: Gahleitner, Silke Brigitta/Lenz, Hans-Joachim (Hrsg.) (2007): *Gewalt und Geschlechterverhältnis. Interdisziplinäre und geschlechtersensible Analysen und Perspektiven.* Weinheim; München.

Rimmon-Kenan (2011): *Narrative Fiction. Contemporary Poetics.* Zweite Aufl. New York.

Roth, Veronica (2013): *Die Bestimmung. Tödliche Wahrheit.* Deutsch von Petra Koob-Pawis. München.

Roth, Veronica (2014): *Die Bestimmung. Letzte Entscheidung.* Deutsch von Petra Koob-Pawis. München.

Schramm, Ulrike (2000): *Girlies, starke Mädchen und Karrierefrauen. Untersuchungen zum Mädchen- und Frauenbild in den neuen Mädchenbuchserien.* Diplomarbeit. Stuttgart.

Seibert, Ernst (2008): *Kinder- und Jugendliteratur in Geschichte und Gegenwart.* Vorlesung im Sommersemester 2008 an der Universität Wien. Wien.

Seibert, Ernst (2009): *Motivwandel in der Kinder- und Jugendliteratur.* Vorlesung im Wintersemester 2009/2010 an der Universität Wien. Wien.

Wild, Inge (2012): „Das ganz andere Mädchen. Überlegungen zu Astrid Lindgrens Kinderbuchklassiker *Pippi Langstrumpf.*" In Möhrmann, Renate (Hg): *rebellisch verzweifelt infam. Das böse Mädchen als ästhetische Figur.* Bielefeld. S.23-44.

Wilkending, Gisela (1997a): Man sollte den *Trotzkopf* noch einmal lesen. Anmerkung zu einer anderen Lesart. In: Grenz, Dagmar/Wilkending, Gisela (Hgg.): *Geschichte der Mädchenlektüre. Mädchenliteratur und die gesellschaftliche Situation der Frauen.* Weinheim und München. S. 123-138.

Wilkending, Gisela (1997b): Mädchenlektüre und Mädchenliteratur. ‚Backfischliteratur' im Widerstreit von Aufklärungspädagogik, Kunsterziehung- und Frauenbewegung. In: Grenz, Dagmar/Wilkending, Gisela (Hgg.): *Geschichte der Mädchenlektüre. Mädchenliteratur und die gesellschaftliche Situation der Frauen.* Weinheim und München. S. 123-138.

Wulf, Carmen (1996): *Mädchenliteratur und weibliche Sozialisation. Erzählungen und Romane für Mädchen und junge Frauen von 1918 bis zum Ende der 50er Jahre. Eine motivgeschichtliche Untersuchung.* Frankfurt am Main.

Zach, Juliane (2012): *Die Anführerfigur im realistischen Kinder und Jugendroman.* Wien.

Anhang

Abb. 8:
Die rote Zora und ihre Bande., 1960, 5. Auflage.
Verlag Sauerländer. Aarau.
Unverändertes Bild auf dem Umschlag seit der 1.
Auflage 1941. Illustration von Felix Hoffmann.

251

Abb. 9:
Die rote Zora und ihre Bande., 1957. 1. Auflage.
Verlag Neues Leben. Berlin.
Illustration von Eberhard Binder.

Abb. 10:
Die rote Zora und ihre Bande., 2015. 1. Auflage.
Fischer Taschenbuch. Frankfurt am Main.
Illustration von Edith Schindler. Erstmals bei der 7.
Auflage im Sauerländer Verlag (1979) verwendet
worden.

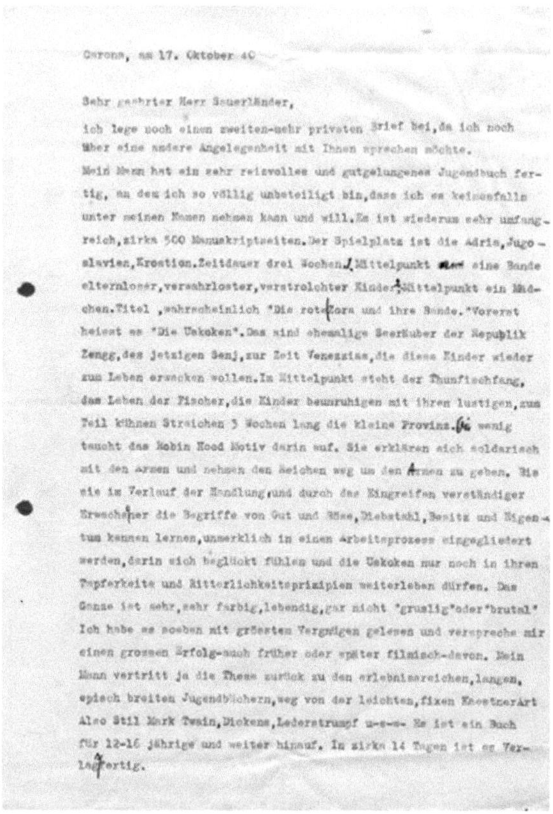

Carona, am 17. Oktober 40

Sehr geehrter Herr Sauerländer,

ich lege noch einen zweiten-mehr privaten Brief bei, da ich noch über eine andere Angelegenheit mit Ihnen sprechen möchte.

Mein Mann hat ein sehr reizvolles und gutgelungenes Jugendbuch fertig, an dem ich so völlig unbeteiligt bin, dass ich es keinesfalls unter meinen Namen nehmen kann und will. Es ist wiederum sehr umfangreich, zirka 500 Manuskriptseiten. Der Spielplatz ist die Adria, Jugoslavien, Kroatien. Zeitdauer drei Wochen. Mittelpunkt eine Bande elternloser, verwahrloster, verstrolchter Kinder; Mittelpunkt ein Mädchen. Titel, wahrscheinlich "Die rote Zora und ihre Bande." Vorerst heisst es "Die Uskoken". Das sind ehemalige Seeräuber der Republik Zengg, des jetzigen Senj, zur Zeit Venezzias, die diese Kinder wieder zum Leben erwecken wollen. Im Mittelpunkt steht der Thunfischfang, das Leben der Fischer, die Kinder beunruhigen mit ihren lustigen, zum Teil kühnen Streichen 3 Wochen lang die kleine Provinz. Ein wenig taucht das Robin Hood Motiv darin auf. Sie erklären sich solidarisch mit den Armen und nehmen den Reichen weg um den Armen zu geben. Wie sie im Verlauf der Handlung, und durch das Eingreifen verständiger Erwachsener die Begriffe von Gut und Böse, Diebstahl, Besitz und Eigentum kennen lernen, unmerklich in einen Arbeitsprozess eingegliedert werden, darin sich beglückt fühlen und die Uskoken nur noch in ihren Tapferkeits und Ritterlichkeitsprizipien weiterleben dürfen. Das Ganze ist sehr, sehr farbig, lebendig, gar nicht "gruslig" oder "brutal" Ich habe es soeben mit grösstem Vergnügen gelesen und verspreche mir einen grossen Erfolg-auch früher oder später filmisch-davon. Mein Mann vertritt ja die These zurück zu den erlebnisreichen, langen, episch breiten Jugendbüchern, weg von der leichten, fixen KaestnerArt Also Stil Mark Twain, Dickens, Lederstrumpf u-s-w- Es ist ein Buch für 12-16 jährige und weiter hinauf. In zirka 14 Tagen ist es Verlagfertig.

Abb. 11: Brief von Lisa Tetzner an Sauerländer, 27. Oktober 1940.[252]

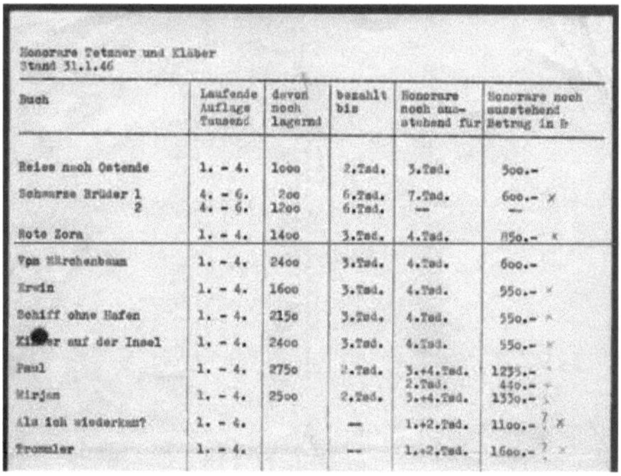

Honorare Tetzner und Kläber
Stand 31.1.46

Buch	Laufende Auflage Tausend	davon noch lagernd	bezahlt bis	Honorare noch ausstehend für	Honorare noch ausstehend Betrag in Fr
Reise nach Ostende	1. - 4.	1000	2.Tsd.	3.Tsd.	500.-
Schwarze Brüder 1	4. - 6.	200	6.Tsd.	7.Tsd.	600.- x
2	4. - 6.	1200	6.Tsd.	—	—
Rote Zora	1. - 4.	1400	3.Tsd.	4.Tsd.	850.- x
Vom Märchenbaum	1. - 4.	2400	3.Tsd.	4.Tsd.	600.-
Erwin	1. - 4.	1600	3.Tsd.	4.Tsd.	550.- x
Schiff ohne Hafen	1. - 4.	2150	3.Tsd.	4.Tsd.	550.- x
Kinder auf der Insel	1. - 4.	2400	3.Tsd.	4.Tsd.	550.- x
Paul	1. - 4.	2750	2.Tsd.	3.+4.Tsd.	1235.-
				2.Tsd.	440.-
Mirjam	1. - 4.	2500	2.Tsd.	3.+4.Tsd.	1330.-
Als ich wiederkam?	1. - 4.		—	1.+2.Tsd.	1100.- ? x
Trommler	1. - 4.		—	1.+2.Tsd.	1600.- ? x

Abb. 12: Honorarliste für Lisa Tetzner und Kurt Held, 31. Januar 1946.[253]

---

[252] http://www.sauerlaender200.ch/#persons_3 [Stand 23.07.2015].
[253] http://www.sauerlaender200.ch/#childbook_2; [Stand 23.07.2015].

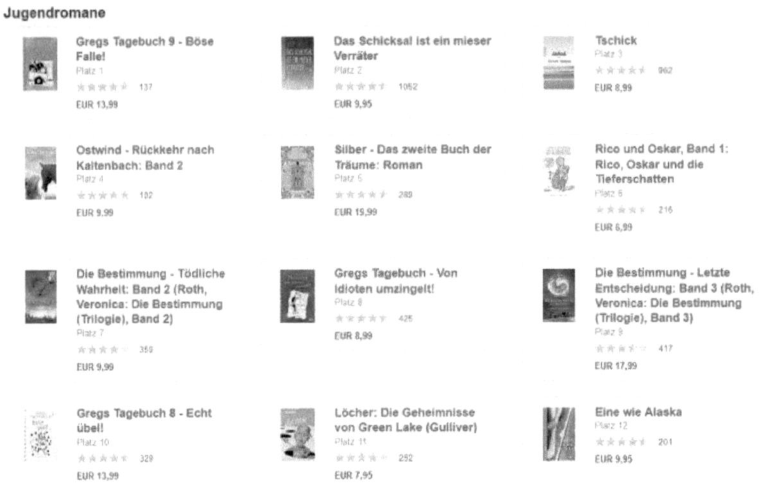

Jugendromane

Gregs Tagebuch 9 - Böse
Falle!
Platz 1
★★★★☆ 137
EUR 13,99

Das Schicksal ist ein mieser
Verräter
Platz 2
★★★★☆ 1052
EUR 9,95

Tschick
Platz 3
★★★★★ 962
EUR 8,99

Ostwind - Rückkehr nach
Kaltenbach: Band 2
Platz 4
★★★★★ 102
EUR 9,99

Silber - Das zweite Buch der
Träume: Roman
Platz 5
★★★★☆ 249
EUR 15,99

Rico und Oskar, Band 1:
Rico, Oskar und die
Tieferschatten
Platz 6
★★★★★ 216
EUR 6,99

Die Bestimmung - Tödliche
Wahrheit: Band 2 (Roth,
Veronica: Die Bestimmung
(Trilogie), Band 2)
Platz 7
★★★★☆ 359
EUR 9,99

Gregs Tagebuch - Von
Idioten umzingelt!
Platz 8
★★★★★ 425
EUR 8,99

Die Bestimmung - Letzte
Entscheidung: Band 3 (Roth,
Veronica: Die Bestimmung
(Trilogie), Band 3)
Platz 9
★★★★☆ 417
EUR 17,99

Gregs Tagebuch 8 - Echt
übel!
Platz 10
★★★★★ 329
EUR 13,99

Löcher: Die Geheimnisse
von Green Lake (Gulliver)
Platz 11
★★★☆☆ 252
EUR 7,95

Eine wie Alaska
Platz 12
★★★★☆ 201
EUR 9,95

Abb. 13: Jugendbuchbestseller 2014 amazon.de, Plätze 1-12.[254]

---

[254]http://www.amazon.de/b/ref=amb_link_186387647_1?ie=UTF8&jubulinkjbs=&node=5250635031
[23.07.2015, 13:40 Uhr].

Danksagung

Mit der Bachelorarbeit neigt sich nun meine Studienzeit unmissverständlich dem Ende zu und deswegen halte ich es für einen guten Zeitpunkt mich bei einigen Leute zu bedanken, die mir mit Rat und Tat zur Seite standen – nicht nur in den letzten Wochen. Beginnen möchte ich mit Frau Prof. Dr. Blome und Herrn Prof. Dr. Schumacher: vielen Dank, dass Sie sich bereit erklärt haben diese nun vorliegende Arbeit zu betreuen.

Lisa, Mie, Rebekka, Björn - ihr habt mein Leben in Greifswald bereichert, mit mir gelitten und gefeiert. Ich hatte euretwegen eine großartige Zeit. Der besondere Dank geht hier an Lisa: danke für alles! Du warst mir eine große Hilfe und eine tolle Freundin – von der ersten Einführungsveranstaltung bis zur letzten Seite meiner B.A. Und hoffentlich auch darüber hinaus.

Jeanette, Jan, Basti, Cathi – wo fange ich da an? Ihr seid die besten Freunde, Mitbewohner, Laufrudelmitglieder und Bootcampbestreiter, die man sich vorstellen kann und mein Leben wäre – gerade in den letzten Wochen – um einiges unerfreulicher ohne euch gewesen. Danke, dass ihr mit Ablenkung, Motivation, Bier und Schokolade zur Stelle wart.

Robin – dir hier zu danken würde bei weitem den Rahmen der Arbeit sprengen. Deswegen mache ich es kurz: mit dir an meiner Seite vermag ich so viel mehr als ohne dich, du forderst und stützt mich und dafür bin ich dir unendlich dankbar.

Und last but not least meine Familie: Mama – du hast mir immer den Rücken gestärkt und warst mit konstruktiver Kritik zur Stelle. Danke für die letzten 26 Jahre, in denen du mir als starke Frau ein Vorbild warst und meinen Weg entscheidend geprägt hast.

Dani – an deine akademischen Höhenflüge kann ich wahrscheinlich nie anknüpfen, weswegen ich das gar nicht erst versuche. Danke, dass du mir in vielen Bereichen ein Vorbild bist und mir immer zur Seite stehst.

Linus und Mia – an euch habe ich oft gedacht, während ich diese Seiten geschrieben habe. Werdet noch groß und stark und mutig und tapfer – ich bin so gespannt.

Natürlich gibt es noch eine ganze Menge mehr, denen ich danken muss und möchte: Paul, Anton, Valle, Bill, Budi und Loui sind nur einige davon. Danke!

So long, and thanks for all the fish.

Lisa Gutman

Berlin, September 2015